AFEEZ ALABI

Nível de sensibilização para as violações de segurança dos trabalhadores remotos

AFEEZ ALABI

Nível de sensibilização para as violações de segurança dos trabalhadores remotos

Melhorar a vigilância da força de trabalho remota: Compreender a sensibilização para as violações de segurança em ambientes de trabalho distribuídos

ScienciaScripts

Imprint

Any brand names and product names mentioned in this book are subject to trademark, brand or patent protection and are trademarks or registered trademarks of their respective holders. The use of brand names, product names, common names, trade names, product descriptions etc. even without a particular marking in this work is in no way to be construed to mean that such names may be regarded as unrestricted in respect of trademark and brand protection legislation and could thus be used by anyone.

Cover image: www.ingimage.com

This book is a translation from the original published under ISBN 978-620-8-01041-6.

Publisher:
Sciencia Scripts
is a trademark of
Dodo Books Indian Ocean Ltd. and OmniScriptum S.R.L publishing group

120 High Road, East Finchley, London, N2 9ED, United Kingdom
Str. Armeneasca 28/1, office 1, Chisinau MD-2012, Republic of Moldova, Europe
Printed at: see last page
ISBN: 978-620-8-05734-3

AGRADECIMENTOS

Esta investigação foi um processo de aprendizagem impactante, gratificante e surpreendente. Para a conclusão bem sucedida desta investigação, estou em dívida para com uma série de pessoas que, de uma forma ou de outra, contribuíram para a realização do projeto.

Estou grato a Alá Todo-Poderoso (S.W.A) por me ter concedido a oportunidade e a graça necessárias para realizar este estudo.

O meu sincero agradecimento a todos os professores que fizeram parte desta jornada pelo seu apoio positivo e construtivo, muito especialmente à minha amável supervisora, Rose Fong, cujo imenso apoio e contribuição foram saudáveis e oportunos.

Também estendo o meu reconhecimento e a minha gratidão de todo o coração às pessoas que, devido à sua agenda preenchida, ainda assim se esforçaram por ajudar a preencher o questionário.

A minha gratidão estará incompleta se não reconhecer a minha bela e maravilhosa mulher, Khafilat Abiodun Alabi, e os meus filhos, pelo seu amor inabalável, paciência e apoio moral durante todo o período deste estudo.

Por último, não posso deixar de agradecer aos meus colegas de curso e à minha família pelo seu apoio e encorajamento em todos os momentos. O amor incondicional e as orações dos meus pais e irmãos durante este tempo são de primeira qualidade.

Todos estes contributos e apoios de todos os ângulos são profundamente apreciados. Devo-lhes a minha grande estima e não quero, de forma alguma, brincar com eles, pois continuarão a ser uma fonte de inspiração para eu querer sempre alcançar mais.

NÍVEL DE SENSIBILIZAÇÃO PARA AS VIOLAÇÕES DE SEGURANÇA DOS TRABALHADORES À DISTÂNCIA

RESUMO

Esta investigação examina a sensibilização para as violações de segurança e as práticas dos trabalhadores à distância, nomeadamente no contexto da evolução do panorama do trabalho à distância. O estudo sublinha a importância de uma conceção de investigação eficaz para obter respostas a questões de investigação fundamentais. Utilizando uma abordagem de inquérito descritiva e quantitativa, os dados foram recolhidos através de questionários bem estruturados para avaliar os comportamentos e as experiências de segurança dos trabalhadores remotos. Foram utilizadas estatísticas descritivas, tabelas de frequências e percentagens e gráficos para analisar os dados recolhidos. Os resultados da investigação revelam uma tendência positiva nos esforços das organizações para melhorar a segurança dos dados através de formação e normas. Embora os funcionários remotos demonstrem confiança nas suas configurações de segurança, as violações de segurança, em particular o phishing e o acesso não autorizado a dispositivos, continuam a ser preocupantes. Nomeadamente, o estudo dá grande ênfase às medidas de cibersegurança, como as VPN e a autenticação de dois factores (2FA). No entanto, as diferentes frequências de formação indicam a necessidade de uma formação consistente para promover a consciencialização e a melhoria do comportamento. A prática de reutilização de palavras-passe para várias contas é destacada, juntamente com a importância de promover uma gestão rigorosa das palavras-passe. É incentivada a utilização de métodos de autenticação multifactor (MFA) e de práticas seguras em redes Wi-Fi públicas. O estudo conclui que a formação contínua, as medidas de segurança consistentes e a comunicação proactiva são vitais para que os trabalhadores remotos possam combater eficazmente as ciberameaças. As recomendações incluem o desenvolvimento de conteúdos de formação cativantes, a promoção da adoção de MFA, a ênfase nas actualizações de software e o estabelecimento de protocolos claros de comunicação de incidentes. A investigação futura poderia explorar a influência dos dispositivos pessoais nas práticas de segurança e aprofundar os factores psicológicos que moldam o comportamento de segurança.

4

ÍNDICE

CAPÍTULO UM

INTRODUÇÃO

1.1 Contexto do estudo e potenciais benefícios do estudo

Os grandes acontecimentos perturbadores dos últimos anos contribuíram significativamente para a popularidade e a adoção do trabalho à distância em vários sectores (Ahmad, 2020). A pandemia de Covid-19 e a cadeia de acontecimentos que se seguiram ao surto e à contenção das doenças, especialmente os confinamentos obrigatórios impostos por muitos governos a nível mundial, causaram uma grande mudança de paradigma na forma como muitas organizações e indústrias realizam as suas operações. Embora as restrições à covid-19 tenham sido em grande parte levantadas, com a maioria das economias a recuperar agora dos efeitos dos confinamentos, o trabalho à distância tornou-se, de certa forma, parte do "novo normal", uma vez que um número substancial de organizações e empresas ainda mantém o regime de trabalho sob alguma forma (Pranggono e Arabo, 2020). As violações de dados são provocadas pelo acesso não autorizado de terceiros (internos ou externos) a informações sensíveis e confidenciais sobre a organização, o seu pessoal, os seus clientes, as suas operações e a sua base de dados. Os modos mais comuns de violação da segurança incluem phishing, hacking, ataques de malware e danos ou roubo físico de dados em dispositivos de armazenamento. As repercussões das violações de dados estendem-se às esferas individual e organizacional, dando origem a um conjunto de resultados desfavoráveis. Entre estes contam-se o custo económico, a erosão da reputação e as responsabilidades legais. As implicações são profundas, comprometendo potencialmente dados privados, como informações pessoais e financeiras, acentuando assim as perspectivas de roubo de identidade e outros actos ilícitos (Faraj et al., 2021). Há um escrutínio crescente sobre o nível de segurança e as técnicas de mitigação contra os riscos e desafios cibernéticos no ambiente de trabalho remoto (Georgiadou et al., 2021). Esta consciencialização exigiu a necessidade de investigar as acções e os factores que põem em risco a segurança dos dados e dos sistemas dos trabalhadores à distância e as técnicas de gestão dos riscos adequadas para colmatar estas lacunas de segurança (Furnell e Shah, 2020). Embora os empregados trabalhem fora do espaço físico do escritório, continuam a interagir com os dados e os sistemas da organização e a trabalhar com eles, colocando assim riscos significativos para a integridade, a confidencialidade e a disponibilidade dos dados (Lallie et al., 2021). Para além da flexibilidade e da redução do stress físico/custos de transporte que o teletrabalho oferece, esta modalidade também apresenta desafios, como um impacto negativo na saúde emocional e mental dos trabalhadores, problemas de comunicação e sentimentos de "desconexão", que podem levar a uma menor satisfação no trabalho (Hou et al., 2021). Este estudo avaliará as principais lacunas que causam e contribuem para as violações de segurança entre os trabalhadores remotos e apresentará recomendações para colmatar as lacunas e mitigar os riscos de violações de segurança. O conhecimento das violações de segurança dos trabalhadores à distância tornou-se mais crucial à medida que o trabalho à distância se tornou mais comum. Devido à falta de medidas de segurança física e à utilização de dispositivos pessoais para o trabalho, os trabalhadores remotos são frequentemente mais susceptíveis a violações de segurança. Os ataques de phishing são uma das falhas de segurança mais frequentes para os trabalhadores remotos. Trabalhadores desprevenidos podem divulgar dados pessoais ou organizacionais, como informações financeiras, nomes de utilizador e palavras-passe, quando os ataques de phishing são lançados nos seus dispositivos pessoais menos seguros, comprometendo a integridade dos dados e expondo a organização a ataques mais graves. Observou-se que os trabalhadores remotos enfrentam desafios peculiares para manter o seu local de trabalho seguro, devido à natureza flexível do seu padrão de trabalho, em contraste com os ambientes de escritório tradicionais (Mahyoub et al., 2023). Por conseguinte, o problema reside no desenvolvimento de soluções que abordem a vulnerabilidade dos trabalhadores remotos a várias violações de segurança, tais como esquemas de phishing, infecções por malware e violações de dados.

1.2 Explicação dos principais objectivos da investigação

A conetividade digital proporcionada pela Internet abriu novas oportunidades e fronteiras para as empresas e as indústrias gerirem as perturbações e os ambientes de trabalho não físicos. Por outro lado, estão também a surgir novos e mais sofisticados desafios em matéria de cibersegurança. Existe, portanto, uma necessidade vital de estudar o conhecimento dos trabalhadores remotos sobre o conceito de violações da segurança e as realidades actuais das lacunas existentes na atenuação do risco de violações da segurança entre os trabalhadores remotos. A avaliação da eficácia dos actuais protocolos e regulamentos de segurança para os trabalhadores à distância é outra razão para investigar este tema. Além disso, este estudo foi concebido para determinar o nível de conhecimento das violações de segurança por parte dos trabalhadores à distância e extrair dados relevantes para ajudar as empresas a identificar potenciais ameaças e pontos fracos exclusivos dos trabalhadores à distância. Este estudo é importante porque abordará a frequência crescente dos ciberataques dirigidos aos trabalhadores remotos. As violações de dados afectam o indivíduo diretamente envolvido e podem rapidamente degenerar em plataformas de lançamento para ciberataques mais sofisticados à infraestrutura digital de organizações e mesmo de países. Além disso, é necessário compreender a escala do risco de violações da segurança decorrentes das actividades dos trabalhadores à distância para o estado geral de segurança da organização. Os trabalhadores à distância são alvos ideais para os atacantes porque têm frequentemente acesso a dados e sistemas críticos da empresa. Os resultados deste estudo fornecerão novas perspectivas e uma melhor compreensão da relação entre o trabalho à distância e as violações de dados. Existe uma quantidade substancial de literatura que investiga e avalia os factores de risco das violações de segurança nas organizações, com um âmbito de trabalho remoto popularizado devido à pandemia de Covid-19. Este estudo fornecerá uma análise exaustiva das práticas existentes que asseguram a integridade dos dados, avaliando simultaneamente o nível de conhecimentos dos trabalhadores à distância no que respeita ao reconhecimento e à resolução eficaz de potenciais violações da segurança.

1.3 Objectivos da investigação

1. Avaliar as práticas existentes para preservar a confidencialidade, a integridade e a disponibilidade (CIA) dos dados num ambiente de trabalho remoto.
2. Examinar as principais lacunas nas violações de segurança em ambientes de trabalho à distância

3. Recomendar soluções para colmatar as principais lacunas nas abordagens de cibersegurança para os trabalhadores à distância

CAPÍTULO DOIS

REVISÃO DA LITERATURA

2.0 Introdução

Neste capítulo, a literatura existente e relevante sobre o nível de consciencialização das violações de segurança para os trabalhadores remotos é examinada e revista com base na sua aplicabilidade e força de importância para o presente estudo. Este capítulo também contextualiza as violações de dados e os riscos cibernéticos enfrentados pelo teletrabalho, especialmente durante a pandemia de Covid-19. Os quadros teóricos de apoio e os casos empíricos relevantes sobre as taxas crescentes de violações da segurança dos dados no trabalho à distância, que se tornou mais popular nos últimos anos, são também avaliados nesta secção.

2.1 Revisão concetual

2.1.1 Segurança dos dados e do sistema

À medida que os processos em todo o mundo se tornam mais digitais e as pessoas dependem cada vez mais da tecnologia para as suas actividades pessoais e empresariais diárias, a segurança dos dados tornou-se mais acentuada. A segurança dos dados e dos sistemas refere-se às políticas e aos procedimentos destinados a salvaguardar os dados privados e a garantir a disponibilidade, a confidencialidade e a integridade dos sistemas e dos dados informáticos (Furnell e Shah, 2020). Na paisagem da época digital moderna, a importância da proteção dos dados e do reforço da segurança dos sistemas é enorme. As organizações teceram o seu tecido operacional com os fios da tecnologia, ampliando o imperativo de se defenderem de potenciais invasões, como o acesso não autorizado, as violações de dados, as incursões cibernéticas e várias ameaças ocultas. Na segurança dos dados, os principais objectivos residem na garantia da tríade: acessibilidade dos dados, integridade inabalável e confidencialidade inabalável. Esta tarefa exige a utilização de um arsenal multifacetado para erguer barreiras que desafiem firmemente quaisquer tentativas de entrada não autorizada, manipulação ou eliminação de dados sensíveis (Katz, 2021). Do mesmo modo, a segurança do sistema diz respeito à proteção das infra-estruturas, redes e sistemas informáticos que armazenam e processam os dados (Emenike, 2021).

Figura 1: Importância da cibersegurança por região económica (APJC- Ásia-Pacífico, Japão e China).

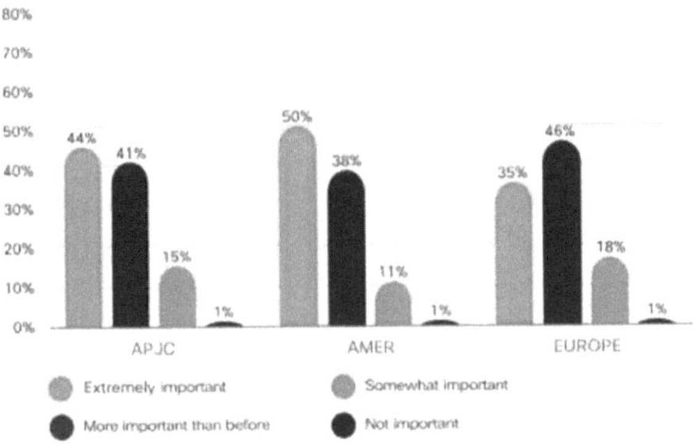

Fonte: Cisco Secure (2021)

2.1.2 Trabalho à distância

As organizações implantaram e implementaram o trabalho à distância em diferentes sectores e fases para aumentar a motivação dos trabalhadores e o equilíbrio entre a vida profissional e pessoal, diminuir os tempos de deslocação e melhorar a satisfação no trabalho (Nwankpa e Datta, 2023). A tecnologia sempre desempenhou um papel central no trabalho à distância. Como Georgiadou et al. (2022) observaram, as tecnologias da informação e da comunicação e a acessibilidade de instalações portáteis, como a Internet sem fios e um computador portátil, são essenciais para o trabalho à distância e influenciam consideravelmente o nível de desempenho dos trabalhadores à distância.

Em muitos estudos recentes, os aparelhos pessoais eram normalmente utilizados para o trabalho remoto, com a organização a fornecer certos incentivos, como o acesso à Internet, os custos de eletricidade e outras despesas, para ajudar a facilitar o trabalho dos seus empregados (Malecki, 2020; Curran, 2020). No entanto, esta prática estava associada a um risco acrescido de violações de dados, uma vez que o nível de proteção de dados e a consciência de segurança na utilização de computadores pessoais são geralmente susceptíveis de serem facilmente comprometidos (Koch, 2020)

Figura 2: Organização com mais de metade da sua força de trabalho a trabalhar remotamente

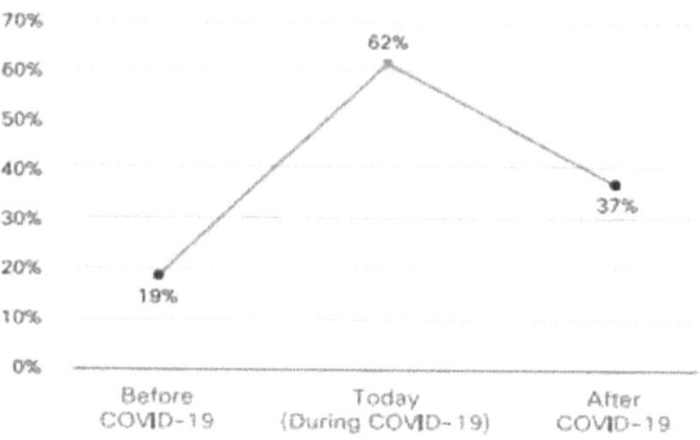

Fonte: Cisco Secure (2021)

Os benefícios do teletrabalho, tal como identificados em alguns estudos, incluíram principalmente a melhoria do desempenho dos trabalhadores, níveis mais elevados de satisfação no trabalho, aumento da produtividade e redução do desgaste (Crossland, Ertan e Michaelides, 2021). No entanto, o teletrabalho teve um impacto negativo na saúde emocional e mental dos trabalhadores, de acordo com a investigação realizada durante a pandemia da COVID-19. De acordo com um estudo (Hernandez, 2020), o trabalho à distância incentiva um método de funcionamento "sempre ligado" que causa exaustão física e mental. Alguns inquiridos num estudo de Mustajab et al., 2020, relataram um declínio na produtividade quando trabalham remotamente devido a factores como multitarefas, falta de motivação e deveres parentais. Além disso, os trabalhadores remotos referem ter problemas de comunicação devido a interrupções, isolamento do local de trabalho, interrupções e problemas de conetividade à Internet, e dão demasiada importância ao seu trabalho (Prasad et al., 2020).

2.1.3 Trabalho à distância e cibersegurança

Para além dos desafios gerais do teletrabalho, verificou-se também que os riscos cibernéticos e os desafios em matéria de segurança dos dados têm um impacto significativo nos trabalhadores remotos, com as organizações a registarem mais violações de dados e ciberataques pós-covid (Beck e Guerette, 2021). Estes riscos foram amplamente categorizados por Atstaja et al. (2021) em quatro grupos principais, sendo o primeiro os riscos de sistema e tecnologia, que são preocupações típicas relacionadas com plataformas fornecidas por terceiros que tornam razoavelmente simples a alteração de informações ou a recolha de dados. Numerosos estudos de investigação sugeriram a utilização da encriptação de dados para reduzir este risco na comunicação e no intercâmbio de dados (Skiljic, 2020). O incumprimento dos procedimentos internos por parte dos trabalhadores é outra área de risco cibernético, tal como demonstrado pelo comportamento dos trabalhadores e pela falta de adesão à cultura e às normas organizacionais internas. Os perigos relacionados com o comportamento humano e os factores humanos são semelhantes aos riscos acima referidos. Estes são alguns exemplos de falhas nos programas e nos sistemas, de falta de sensibilização para a segurança e de erros como as ligações estabelecidas de forma incorrecta, não autorizada ou insegura (Syed, 2022). O último grupo de ciberameaças para os trabalhadores remotos e para as empresas consiste nos riscos provenientes de influências externas. De acordo com Georgiadou et al. (2021), o aumento da cibercriminalidade, que inclui engenharia social e ataques, tem um impacto frequente na sociedade e nas empresas. Estes ataques tornam-se ainda mais prováveis com o desenvolvimento de novas e sofisticadas técnicas de ciberataque para tirar partido de períodos de perturbação.

Figura 3: Factores difíceis de proteger num ambiente remoto

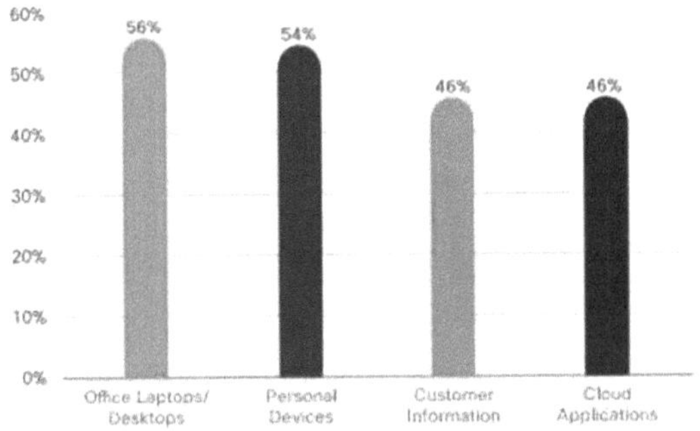

Fonte: Cisco Secure (2021)

2.1.4 Nível de sensibilização para a violação da segurança dos dados entre os trabalhadores à distância

As empresas e organizações que permitem o trabalho à distância devem ter em conta que os trabalhadores podem necessitar de aceder a informações de categoria superior à dos sistemas utilizados para realizar a tarefa à distância, a fim de garantir a confidencialidade, integridade e aceitabilidade dos dados. Por conseguinte, foram recomendadas medidas de cibersegurança adequadas que identificam e abordam as susceptibilidades dos dados e dos sistemas (Ahmad, 2020). Além disso, quando os empregados trabalham à distância, as empresas têm de confiar na segurança e no nível de conformidade do espaço de trabalho físico do empregado. Isto pode ser conseguido através da definição de diretrizes e regulamentos inequívocos, também designados por normas do espaço de trabalho (Hou et al., 2021).

Os vazios no domínio da ciberfortificação, predominantes entre os trabalhadores remotos, pintam um mosaico de fissuras intrincadas. O caminho de um potencial infiltrador é tudo menos unidimensional, pois atravessa uma paisagem diversificada de susceptibilidades. Dentro desta tapeçaria de vulnerabilidades, surge uma abordagem particularmente matizada - uma que envolve a violação dos serviços de nuvem de uma empresa navegando pelos corredores labirínticos de uma rede doméstica. Esta conduta dissimulada apresenta um limiar discreto, um convite aberto para penetrar no perímetro da rede da empresa sem ter de lidar com barricadas de privacidade robustas. Uma vez dentro do domínio das redes não confiáveis, os agentes maliciosos orquestram uma sinfonia de ataques, cada nota ressoando com uma malícia distinta. A sinfonia engloba tudo, desde as nuances artísticas da falsificação de IP até à cacofonia orquestrada dos ataques de negação de serviço distribuído (DDoS). Aproveitando a rede como instrumento e utilizando o reservatório de dados baseados na nuvem como repertório, os adversários executam com elegância uma série de ataques, cada um deles meticulosamente destruindo as defesas do sistema. Estas incluem o DNS snooping, o DNS hijacking e a falsificação de cache (Mandal e Khan, 2020).

De acordo com Khando et al. (2021), foram identificadas abordagens para colmatar as lacunas na cibersegurança dos trabalhadores remotos. Recomendaram que as organizações adoptassem muitos métodos de autenticação multifactor, evitassem a utilização de plataformas de comunicação específicas e utilizassem apenas redes privadas virtuais (VPN) seguras e fiáveis. Verificou-se que estas técnicas melhoram a capacidade dos trabalhadores remotos e das organizações para responderem a incidentes de violação de dados, promovendo a cibersegurança durante o trabalho remoto (kilji, 2020). Para que os trabalhadores sejam produtivos, eficazes e cooperantes, as organizações devem gerir com êxito a mudança, promovendo o trabalho em equipa e a cooperação através de ferramentas de comunicação em tempo real (Lallie et al., 2021).

Figura 4: Desafios no reforço dos protocolos de cibersegurança

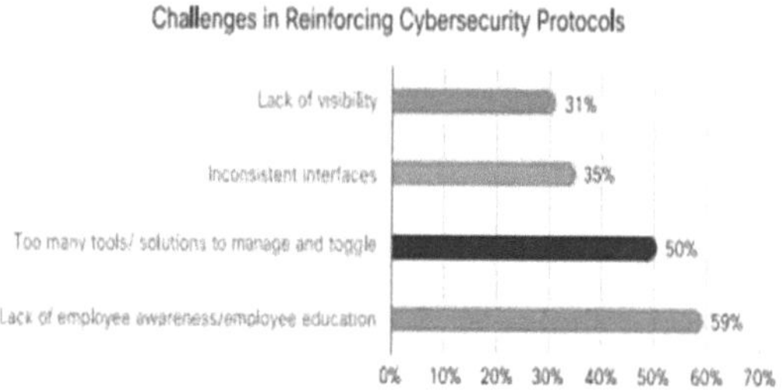

Fonte: Cisco Secure (2021)

2.2 Quadro para medir a sensibilização para a cibersegurança

Um componente crítico da defesa das pessoas, organizações e infra-estruturas públicas contra ciberataques é o nível de sensibilização para a cibersegurança. A metodologia para medir a sensibilização para a cibersegurança deve ser eficaz e ter um âmbito alargado para avaliar a compreensão, as atitudes e os comportamentos das pessoas relacionados com as práticas de cibersegurança (Dash & Ansari, 2022). O quadro adequado deve abranger uma série de tópicos, incluindo o conhecimento das ameaças e vulnerabilidades, a compreensão das melhores práticas, a adoção de comportamentos seguros e a sensibilização para as novas tendências no domínio da cibersegurança.

De acordo com Yusuf & Hafeez-Baig (2021), um quadro para uma cibersegurança eficaz deve avaliar a familiaridade das pessoas com as ideias, os riscos e as vulnerabilidades da cibersegurança. Implica testar a sua compreensão dos conceitos fundamentais de segurança, como a encriptação e a autenticação, bem como das ameaças típicas à segurança, como palavras-passe fracas e redes Wi-Fi inseguras. Os exemplos de ciberataques abrangidos incluem phishing, malware e engenharia social. Para administrar estes processos de avaliação de conhecimentos, podem ser utilizados testes ou questionários que abrangem uma vasta gama de temas de cibersegurança (Hijji et al, 2022). A avaliação comportamental das práticas e comportamentos efectivos de uma pessoa em matéria de cibersegurança são também indicadores relevantes para avaliar a sensibilização para a cibersegurança. Este processo implica sobretudo determinar se os utilizadores aderem às precauções de segurança sugeridas, como a criação de palavras-passe fortes, a atualização regular de software e programas, a ativação da autenticação de dois factores e a prevenção de comportamentos de risco em linha. A forma como uma pessoa se sente em relação aos procedimentos e métodos de cibersegurança é outro sinal da sua sensibilização para o tema (Khader et al, 2022). A forma como uma pessoa encara e reage às preocupações relacionadas com a cibersegurança, como as ciberameaças, a perceção da suscetibilidade a ataques e a confiança na sua capacidade de se manter seguro em linha.

A sensibilização individual para a cibersegurança é também demonstrada pela capacidade de adaptar práticas modernas e pelo conhecimento das tendências futuras. O grau de sensibilização para a cibersegurança desses indivíduos e organizações pode ser determinado avaliando o seu conhecimento das tecnologias emergentes, das ciberameaças em evolução e dos riscos de segurança conexos, bem como a sua compreensão das notícias e eventos actuais em matéria de cibersegurança (Khader et al, 2021). A cultura organizacional e o protocolo de avaliação de incidentes de segurança são também reconhecidos como indicadores fiáveis para aferir os níveis de sensibilização para a cibersegurança nas organizações, nomeadamente em ambientes de trabalho remoto.

2.3 Revisão empírica

Estudos recentes e bem documentados avaliam a sensibilização dos trabalhadores remotos para as ciberameaças, especialmente após a pandemia de Covid-19. Manneback e Padyab (2021) realizaram uma investigação etnográfica sobre o impacto da alteração do local de trabalho causada pela epidemia de COVID-19, tendo como principal alvo do estudo o pessoal de TI responsável pela proteção da rede e das comunicações dos trabalhadores remotos. O estudo foi realizado em colaboração com uma equipa específica de TI localizada num dos maiores condados da Suécia, e os resultados do estudo revelaram baixos níveis de ciberataques a organizações durante a pandemia. Num outro estudo realizado por Lallie et al. (2021), foi investigada a relação entre os ciberataques e os acontecimentos globais em torno da epidemia de COVID-19, especialmente a adoção do trabalho remoto. Verificaram que muitos ciberataques começam com tentativas de phishing que orientam as vítimas para descarregar ficheiros ou visitar sítios Web específicos. O ficheiro ou URL serve como método de distribuição de malware, que se transforma numa ferramenta de branqueamento de capitais após a sua instalação.Também Georgiadou et al. (2021) se propuseram avaliar o grau de preparação das empresas de 13 países europeus diferentes e de uma variedade de sectores de atividade em termos de cultura de cibersegurança. Uma vez que os trabalhadores são a primeira linha de defesa de qualquer sistema, os autores dão ênfase aos pensamentos, sentimentos e perspectivas de cada trabalhador. O seu estudo também teve em conta outros elementos, como a sensibilização, o comportamento e a acessibilidade da organização a recursos e ferramentas de reforço da segurança, para compreender o problema em profundidade. A Cybersecurity Insiders (2020) inquiriu mais de 413 decisores, profissionais e organizações de segurança informática de várias dimensões e sectores para avaliar a capacidade dos trabalhadores para garantir e manter a sua sensibilização para a cibersegurança quando trabalham à distância. Funnel e Shah (2020) exploraram a evolução recente da cibersegurança e do trabalho à distância, com especial incidência nas empresas do Reino Unido. No seu estudo, foi revelado que não existem diretrizes de cibersegurança a que os trabalhadores possam aderir quando trabalham à distância. Observou também que uma parte considerável das empresas precisa de uma política clara que especifique o que os trabalhadores remotos estão autorizados a fazer no equipamento da empresa. Isto levou a uma discussão sobre a necessidade de mais formação para o pessoal remoto, com a evidência de que o pessoal não cibernético recebeu formação em segurança cibernética de apenas 1 em cada 9 organizações, ou 11% das empresas do Reino Unido, a partir de 2021. Noutro estudo de Grimm (2021), recomenda-se às empresas que apliquem políticas rigorosas e programas de formação dos trabalhadores para aumentar a sensibilização para o problema da segurança dos dispositivos conectados e defendam a utilização de práticas recomendadas para reduzir o erro humano na manutenção da integridade da rede. Estas medidas são cruciais para as empresas preservarem uma força de trabalho digital em crescimento e protegerem tanto a organização como os trabalhadores, à medida que o trabalho à distância se torna mais comum, especialmente após a pandemia.

CAPÍTULO TRÊS
METODOLOGIA

Desenvolvimento da investigação/ Descrição dos trabalhos práticos de investigação efectuados

3.1 Introdução

A técnica de investigação, a conceção e a abordagem utilizadas para este estudo são discutidas em pormenor neste capítulo. Este capítulo inclui também secções pertinentes que discutem as decisões tomadas sobre as metodologias e abordagens de investigação utilizadas para este estudo. Além disso, são fornecidas informações relevantes sobre os critérios do estudo, como a seleção da população, a dimensão da amostra, a técnica de amostragem, as técnicas de tratamento de dados e as considerações éticas.

3.2 Filosofia da investigação

De acordo com Saunders, Lewis e Thornhill (2019), a filosofia da investigação é a abordagem sistemática que um investigador emprega ao realizar um estudo de investigação e preocupa-se com as filosofias e pressupostos de apreensão de um domínio específico de foco. Os dois principais enquadramentos da filosofia da investigação são a oncologia e a epistemologia. Enquanto o conceito de realidade e verdade sobre o ambiente atual é uma base para a oncologia, a epistemologia envolve os procedimentos utilizados para conhecer a verdade. O positivismo, o interpretativismo, o realismo, o pragmatismo e o pós-modernismo são as principais filosofias de investigação habitualmente utilizadas nos estudos académicos. No entanto, o positivismo, o realismo e o interpretativismo são as teorias mais relevantes para a investigação em gestão e negócios.

Este estudo utilizou a abordagem filosófica do interpretativismo devido à forte ênfase que este modelo coloca nas experiências e pontos de vista subjectivos dos indivíduos, procurando compreender o significado que os indivíduos atribuem às suas acções e experiências (Saunders, Lewis e Thornhill, 2019). Esta perspetiva filosófica é útil para esta investigação, uma vez que visa analisar sistematicamente como o nível de sensibilização para as violações de segurança dos trabalhadores remotos, em vez de se concentrar apenas na validação objetiva dos resultados dos dados secundários. O método interpretativo reconhece que a interpretação humana e a criação de significados são componentes fundamentais na construção do conhecimento. Este ponto de vista é crucial para compreender as experiências e perspectivas variadas e matizadas dos estudos recentes sobre trabalho à distância e cibersegurança.

3.3 Métodos de investigação

Podem ser utilizadas três abordagens principais - métodos de investigação mono, múltiplos ou mistos - para adquirir e examinar dados para um estudo (Synder, 2019). O método preferido do investigador e as suas filosofias de investigação influenciam a escolha da estratégia de investigação. Na abordagem mono, é utilizado um único método de recolha e análise de dados, seja qualitativo ou quantitativo. Por outro lado, a variedade de metodologias permite aos investigadores recolher e analisar dados nos domínios qualitativo ou quantitativo a partir de muitos pontos de vista. Na investigação de método misto, são utilizados métodos qualitativos e quantitativos (Saunders, Lewis e Thornhill, 2019). A recolha e a análise de dados quantitativos foram efectuadas utilizando a investigação mono para abordar eficazmente o tema da investigação. A razão para esta decisão baseia-se em parte no tipo de dados necessários para o estudo, uma vez que os dados primários são mais baratos e mais fáceis de obter quando se utiliza uma abordagem de investigação mono. As abordagens de investigação dedutiva e indutiva são habitualmente utilizadas na investigação académica. Este estudo empregará uma metodologia dedutiva; a razão para o fazer é que permite a generalização dos resultados do estudo, particularmente quando se tem em conta factos reconhecidos (Kenaphoom, 2021)

3.4 Conceção da investigação

De acordo com Chege e Otieno (2020), uma conceção de investigação é um projeto concetual que define as acções e os procedimentos necessários para realizar uma investigação exaustiva e rigorosa. O método que o investigador utiliza para procurar respostas que respondam suficientemente às questões fundamentais que orientam o inquérito é designado por conceção da investigação. Uma conceção de estudo eficaz também actua como um localizador para o investigador, ajudando-o a identificar conceitos, padrões e erros que aplica ou encontra durante a realização da investigação. A conceção da investigação estabelece o quadro geral para as metodologias e métodos de recolha, avaliação e análise de dados utilizados pelo investigador ao longo de um estudo. O domínio da conceção da investigação desenrola-se como um terreno variado, caracterizado pela convergência de trajectórias exploratórias, descritivas e explicativas. No entanto, surge uma demarcação subjacente, bifurcando a paisagem em duas facetas distintas: concepções de investigação qualitativas e quantitativas. A escolha entre estas facetas assenta na intrincada interação entre a recolha de dados e as metodologias de análise. A investigação deve seguir um percurso sistemático e um quadro adequado com protocolos para ser conduzida de forma eficaz. A realização adequada das metas e objectivos da investigação depende deste quadro (Pandey e Pandey, 2021). Este estudo seria pertinente para se centrar em várias violações de segurança entre o pessoal e enfatizar a realização de todas as metas e objectivos. A investigação descritiva apresenta perfis de determinados indivíduos, grupos, objectos ou situações. Este tipo de investigação pode ser utilizado com a investigação exploratória ou explicativa para obter uma imagem completa (Saunders, Lewis e Thornhill, 2019). Um estudo descritivo tem como objetivo explicar como várias coisas podem estar ligadas. Uma análise aprofundada de um cenário ou questão é o foco principal deste tipo de investigação para compreender como vários componentes interagem (Saunders, Lewis e Thornhill, 2019). Dada a necessidade de quantificar e descrever os pontos de vista dos trabalhadores remotos sobre o tema do estudo, o estudo adoptará uma abordagem de investigação descritiva e quantitativa por inquérito. Além disso, este estudo utilizou o método de investigação por inquérito porque é simples obter dados dos participantes no estudo nas populações pretendidas utilizando questionários bem estruturados. A capacidade de recolher de forma eficiente e económica os dados necessários para o estudo e, ao mesmo tempo, melhorar a capacidade do investigador de chegar a um vasto leque de dados demográficos e de pessoas utilizando os questionários é outra justificação para a escolha desta técnica (Mauthner, 2020).

3.5 Técnica de amostragem

A população num estudo de investigação é o grupo definido ou conjunto de pessoas que são o foco da investigação e os principais beneficiários das suas aplicações. Por outro lado, a entidade representativa do estudo é um subconjunto de uma amostra de uma população. A marca de uma amostra eficaz reside na sua amplitude, assegurando robustez estatística, na sua capacidade de ecoar o composto da população e na sua incorporação de traços caraterísticos da população mais alargada (Saunders et al., 2019). O paradigma da amostragem bifurca-se em duas vias principais: métodos de amostragem probabilística e métodos de amostragem não probabilística. Podem também ser utilizadas técnicas de conveniência, aleatórias simples, aleatórias estratificadas ou de agrupamento para construir a abordagem de amostragem (Shukla, 2020). A dimensão da amostra foi selecionada utilizando um método de amostragem aleatório básico. Este método garantirá que todos os trabalhadores remotos da população têm a mesma probabilidade de serem escolhidos para o estudo. A partir da população geral de trabalhadores remotos em Lagos, na Nigéria, foi escolhida uma amostra de 100 inquiridos para este estudo. Num inquérito planeado para uma conceção de investigação quantitativa, a amostra do estudo e os dados são recolhidos quantitativamente de uma população (Shukla, 2020). Os questionários são o método mais comum de recolha de dados primários na investigação por inquérito, tendo-se verificado que reflectem com maior precisão as atitudes, acções e caraterísticas da população da amostra.

3.6 Recolha de dados

A recolha de informações junto dos participantes numa amostra é conhecida como recolha de dados. Existem dois métodos básicos para obter dados: a recolha de dados primários e a recolha de dados secundários. Enquanto a recolha de dados preliminares inclui a recolha individual de dados pelos investigadores junto dos participantes na investigação e a sua aplicação à amostra do estudo, a recolha de dados secundários utiliza informações já determinadas e publicadas como fonte de dados. As perguntas do questionário foram concebidas para investigar as questões de investigação e, ao mesmo tempo, refletir os objectivos-chave do objetivo principal da investigação. O objetivo do questionário utilizado neste estudo era recolher dados essenciais sobre as variáveis do estudo junto dos participantes. Consequentemente, foi utilizada a calibragem de 5 pontos da escala de Likert para classificar objetivamente os pontos de vista dos inquiridos. Após a conceção, o questionário foi disponibilizado aos inquiridos através de uma ferramenta de inquérito na Internet que assegurava os seus dados e a sua privacidade. Foi incorporada uma escala de Likert na conceção do questionário para compreender melhor o âmbito das perspectivas e pensamentos dos inquiridos (Joshi et al., 2015). Para cada tópico, havia cinco respostas alternativas disponíveis para os participantes da pesquisa: Concordo fortemente (SA), Concordo (A), Neutro (N), Discordo (D) e Discordo fortemente (SD). O questionário foi criado de forma ordinária para garantir a consistência lógica, a aceitação e a relevância para o objetivo da investigação.

3.7 Análise de dados

O tipo de dados recolhidos também afectará o método de análise de dados utilizado no estudo de investigação. Uma vez que a maioria dos dados utilizados neste estudo eram quantitativos, foi escolhida a abordagem de análise de dados quantitativos. De acordo com Jameel e Majid (2018), a estratégia de investigação quantitativa exige que os dados recolhidos sejam avaliados quantitativamente e apresentados utilizando técnicas e representações estatísticas que descrevam e tornem clara a ligação entre as variáveis do estudo. A informação recebida do questionário foi analisada utilizando o Statistical Package for Social Sciences (SPSS 28) e uma folha de cálculo do Microsoft Excel para criar correlações estatísticas entre as variáveis. Estes recursos oferecem estatísticas inferenciais, analíticas e descritivas. A estatística descritiva foi utilizada para gerar histogramas, gráficos de barras, tabelas e gráficos de pizza que representaram visualmente o valor médio dos dados brutos, as frequências acumuladas, o desvio padrão e a variância. Assim, os dados do estudo serão analisados com recurso à estatística descritiva. A apresentação dos dados através de frequências e valores percentuais foi produzida com recurso à estatística descritiva (Saunders et al., 2019).

3.8 Abordagem das limitações do estudo
3.8.1 Questões éticas

O ambiente e as operações empresariais são duas questões éticas para as quais os trabalhadores remotos estão a tornar-se mais conscientes. Muitas empresas empregam pessoas de vários locais, pelo que é necessária uma rede e uma liderança fortes para garantir que recebem a formação adequada. Portanto, essas empresas devem designar funcionários-chave para gerenciar as respostas dos funcionários e a coordenação de terceiros. O acesso a controlos que exigem práticas diferentes é outro dilema ético. Várias políticas de direitos dos empregados protegem contra o acesso de estranhos à sua rede. Uma ferramenta de "Protocolo de Ambiente de Trabalho Remoto" em funcionamento dá aos empregados acesso sem fios a dispositivos Windows. Este programa tem um ponto de entrada para os piratas informáticos e fornece-lhes informações de início de sessão com palavras-passe fracas que podem conduzir a problemas graves. Como resultado, os hackers podem aceder à rede e comprometer a segurança dos dados e dos sistemas.

3.8.2 Questão social

As questões sociais englobam as interações entre as pessoas e o seu ambiente e resultam das actividades de uma pessoa. A identificação das atitudes dos trabalhadores relativamente à sensibilização para as violações de segurança deve ser conhecida para identificar as principais questões sociais desta investigação. O impacto da sociedade, das organizações e das redes pessoais pode influenciar os resultados deste estudo. A vantagem para os trabalhadores e a descoberta de incentivos que os levem a aceder a formações que possam aumentar os seus conhecimentos sobre a diminuição do possível perigo de ataques à cibersegurança são, portanto, questões sociais que levantam uma dúvida relativamente ao tema da investigação. As mudanças na perceção humana e os avanços tecnológicos que podem alterar o ambiente são questões sociais.

3.8.3 Questões jurídicas

As nações da UE devem defender ideais como a liberdade de expressão e o respeito pela dignidade humana. As nações europeias têm uma obrigação social de manter a qualidade e a privacidade. O Conselho das Comunidades Europeias para os Direitos Humanos afirma que a realização de investigação segundo padrões éticos é essencial. As políticas públicas devem ser a principal preocupação ética, e todas as leis de direitos de autor devem ser corretamente respeitadas durante a aquisição de dados.

3.8.4 Justificação do estudo

A reputação das empresas é afetada por uma formação inadequada em cibersegurança e por questões jurídicas relacionadas. Para além das questões legais, pode resultar em perdas financeiras para a empresa e numa violação de dados que foram armazenados e protegidos com repercussões legais. Devido à sua ignorância, a empresa pode responsabilizar os trabalhadores remotos por violações da segurança dos dados. Estas questões legais podem ter um impacto direto na produtividade da empresa. Estes membros do pessoal devem ter conhecimentos e concentrar-se em possíveis pontos de entrada ou ciberataques. Um único ataque de ransomware pode custar à empresa tempo e dinheiro - recursos valiosos. Estes requisitos legislativos podem prejudicar a reputação e a confiança de uma pessoa. Estes desafios podem abordar algumas questões jurídicas e regras governamentais. Isto pode exigir novas tácticas e a potencial perda de poder de fogo legal já disponível para atingir os objectivos. Por conseguinte, este estudo deve adotar um quadro jurídico para atingir os seus objectivos e produzir os resultados desejados. Uma base ética sólida ajuda a cumprir os requisitos legais e estabelece um equilíbrio entre conceitos e ideais concorrentes. Por conseguinte, é crucial implementar uma avaliação ética para esta investigação. Esta investigação requer uma análise e um enquadramento jurídicos abrangentes que estabeleçam todas as regras aplicáveis.

3.8.5 Plano do projeto

O projeto foi concebido e planeado para aumentar a sensibilização dos trabalhadores remotos para as violações de segurança, através da recolha de dados de fontes fiáveis, como revistas académicas, artigos e recursos em linha relevantes. Uma combinação de competências de investigação eficazes e de pensamento crítico foi integrada no projeto de investigação secundária para a realização desta investigação. O quadro seguinte apresenta uma análise passo a passo da forma como este projeto foi realizado com êxito dentro do prazo estipulado.

Quadro A: Quadro de monitorização e controlo

CapítuloTarefa Descrição Objetivo no equipamento Investigação				
1	Revisão da literatura	Efetuar uma análise exaustiva da literatura existente sobre o assunto em causa.	Reconhecer o estado atual da investigação	Computador, Internet
		Determinar eventuais lacunas e questões de investigação.		
2	Recolha de dados	Desenvolver métodos de investigação e técnicas de recolha de dados	Recolher informações primárias para análise	Ferramentas de investigaçã o
		Recolher dados de fontes relevantes		
3	Análise de dados	Analisar os dados recolhidos utilizando técnicas estatísticas	Obter informações e responder à investigação	Software estatístico
4	Resultados	Apresentar os dados analisados e as conclusões	Comunicar os resultados da investigação	Computador, Software
		Interpretar os resultados e tirar conclusões		
5	Discussão	Discutir as implicações dos resultados	Relacionar os resultados com as questões de investigação	Computador
		Comparar os resultados com a investigação existente Sugerir novas direcções de investigação		

(Fonte: Auto-desenvolvido)

3.8.6 Avaliação e gestão dos riscos

Neste estudo, foram tomadas medidas adequadas para atenuar os riscos previstos e os riscos imprevistos, como a incapacidade de cumprir o prazo, as dificuldades na obtenção de dados e os riscos de perda ou comprometimento de dados.

Quadro B: Avaliação e gestão dos riscos

Artigos	Riscos	Gravidade	Pessoa em risco	Medidas de controlo
1	Perda de dados de resultados	2	Investigadores que efectuam análises	Utilização de métodos de análise de dados adequados
2	Não proteção dos dados e da integração	3	Autónomo	Definir planos de salvaguarda para a recolha de dados Guardar vários dados em diferentes dispositivos
3	Incapacidade de cumprir os prazos dos projectos	4	Equipa de projeto	Aplicação de uma gestão correta do tempo

(Fonte: Auto-desenvolvido)

O quadro acima indica a avaliação e a gestão dos riscos propostos que podem ocorrer durante a recolha de dados da investigação (Ghasemi, 2018). A incapacidade de cumprir os prazos foi identificada com um nível de gravidade mais elevado e, para controlar este risco, foi sugerida a implementação de uma gestão adequada do tempo. A incapacidade de proteger os dados e a integração foi identificada como um dos riscos mais elevados com um nível de gravidade de 3 e, para gerir este risco, foram sugeridos planos para guardar várias cópias. Para gerir o risco de perda de dados de resultados, devem ser utilizados métodos de análise de dados adequados.

CAPÍTULO QUATRO

APRESENTAÇÃO, ANÁLISE E DISCUSSÃO DOS DADOS

Tabela 1: **Questionário administrado e recolhido**

Questionário administrado e recolhido		
Trabalhadores remotos direcionados	61	100.00
Respostas recebidas	50	81.97
Sem resposta	11	18.03

Fonte: Inquérito dos autores (2023).

O quadro 1 revela informações sobre o alcance do inquérito e as taxas de resposta entre os trabalhadores remotos visados. A taxa de resposta é calculada em aproximadamente 81,97%. Isto indica que cerca de 82% dos trabalhadores remotos visados participaram no inquérito, enviando as suas respostas. Uma taxa de resposta de cerca de 80% é geralmente considerada boa para os inquéritos. Sugere um nível relativamente elevado de envolvimento e interesse entre o público-alvo. No entanto, a taxa de não resposta, que é a percentagem de trabalhadores remotos visados que não responderam, é calculada em cerca de 18,03%, o que é absolutamente inferior à taxa de resposta.

Quadro 2: **Informações sobre os antecedentes dos inquiridos (trabalhadores à distância)**

Distribuição	Frequência	Percentagem (%)
Género		
Masculino	35	70.00
Feminino	15	30.00
Total	50	100.00
Idade do inquirido		
18-24	2	4.00
30-36	13	26.00
36-42	17	34.00
42-48	4	8.00
48-54	5	10.00
54-60	6	12.00
60 anos ou mais	3	6.00
Total	50	100.00
Nível de ensino mais elevado		
Dipolma	4	8.00
Licenciatura /B.Tech	25	50.00
Msc / M.Tech	12	24.00
Doutoramento	9	18.00
Total	50	100.00
Anos de experiência como trabalhador à distância		-

6 meses a 1 ano	7	14.00
1-2 anos	9	18.00
3-4 anos	15	30.00
5-6 anos	12	24.00
6 anos ou mais	7	14.00
Total	50	100.00
Qual é o seu nível atual na sua organização		
Executivo sénior	5	10.00
Nível médio	19	38.00
Gestor de linha	16	32.00
Recursos Humanos	4	8.00
Pessoal júnior	4	8.00
Estagiário	2	4.00
Total	50	100.00
Trabalha a partir de casa ou de outros locais remotos		
Início	43	86.00
Outras localizações remotas	7	14.00
Não trabalhar à distância	0	-
Total	50	100.00
Qual é a natureza do seu cargo atual		
Tempo inteiro	31	62.00
Tempo parcial	9	18.00
Contrato	10	20.00
Total	50	100.00
Fonte: Inquérito de campo do autor (2023)		

Os dados fornecidos no Quadro 2 apresentam a informação de base dos inquiridos que são trabalhadores remotos. A tabela inclui várias dimensões dos dados demográficos dos inquiridos, caraterísticas relacionadas com o trabalho e funções organizacionais. Em termos de distribuição por género, os dados demonstram que 70% dos inquiridos são homens, enquanto os restantes 30% são mulheres. Esta disparidade de género pode refletir tendências mais amplas no panorama do teletrabalho, potencialmente influenciadas por factores como a representação da indústria e as preferências de género nas modalidades de trabalho. Relativamente à distribuição etária dos inquiridos, a percentagem mais elevada situa-se no grupo etário dos 36-42 anos, com 34%, seguido do grupo etário dos 30-36 anos, com 26%. Esta distribuição indica que a maioria dos trabalhadores remotos da amostra se encontra a meio da carreira, o que sugere que o trabalho remoto é aceite em várias fases da carreira. A percentagem mais baixa de inquiridos com 60 anos ou mais (6%) pode indicar que o teletrabalho é mais comum entre os indivíduos mais jovens e de meia-idade, o que pode ser atribuído à familiaridade e adaptabilidade tecnológicas. Em termos de níveis de educação, os dados revelam que 50% dos inquiridos possuem um diploma de bacharelato ou de licenciatura, enquanto 24% possuem um diploma de mestrado ou de mestrado técnico. Este facto indica uma proporção significativa de indivíduos com um elevado nível de formação entre os trabalhadores remotos. Além disso, 18% dos inquiridos possuem um doutoramento, o que reflecte uma presença relativamente significativa de indivíduos com diplomas avançados neste grupo de trabalhadores à distância. Os anos de experiência como trabalhadores à distância variam, com a percentagem mais elevada (30%) a ter 3-4 anos de experiência, seguida de perto por aqueles com 5-6 anos de experiência (24%). Esta distribuição sugere que um número substancial de inquiridos adquiriu um nível moderado de experiência em teletrabalho, o que pode indicar uma crescente aceitação e adoção do teletrabalho ao longo do tempo. Analisando as funções organizacionais dos inquiridos, os dados indicam que os cargos de nível intermédio constituem a maior categoria, com 38%, seguidos dos gestores de linha, com 32%. Esta distribuição mostra uma representação equilibrada das posições hierárquicas entre os trabalhadores remotos, sugerindo que o trabalho remoto não está confinado a níveis organizacionais específicos. Em termos de local de trabalho, a maioria dos inquiridos (86%) referiu trabalhar a partir de casa, enquanto 14% mencionaram trabalhar a partir de outros locais remotos. Esta elevada percentagem de trabalho remoto a partir de casa pode ser atribuída à conveniência e familiaridade de trabalhar a partir da própria residência. Por último, em relação à natureza dos cargos actuais, 62% dos inquiridos estão envolvidos em trabalho à distância a tempo inteiro, 18% estão envolvidos em acordos a tempo parcial e 20% estão a trabalhar numa base contratual. Esta distribuição demonstra a diversidade das modalidades de emprego no contexto do teletrabalho. Os dados fornecidos no Quadro 2 apresentam uma panorâmica abrangente da informação de base dos inquiridos envolvidos no teletrabalho. Os dados fornecidos no Quadro 2 apresentam uma panorâmica abrangente das informações sobre os antecedentes dos inquiridos envolvidos no teletrabalho. Este quadro engloba uma multiplicidade de dimensões, que vão desde as caraterísticas demográficas aos atributos relacionados com o trabalho e às funções organizacionais. Uma análise atenta da distribuição por género revela uma diferença notável, com 70% dos inquiridos a serem homens e os restantes 30% a identificarem-se como mulheres. Este desequilíbrio entre os géneros pode refletir tendências mais amplas observadas no trabalho à distância, potencialmente influenciadas por uma representação setorial específica e por preferências individuais por modalidades de trabalho à distância (de Laat, 2023). Na distribuição etária dos inquiridos, surge um padrão significativo. O grupo etário dos 36-42 anos destaca-se com a percentagem mais elevada, com 34%, seguido do grupo etário dos 30-36 anos, com 26%. Esta distribuição significa que o trabalho à distância é aceite em diversas fases da carreira, predominantemente a meio da carreira. Simultaneamente, a representação limitada de indivíduos com 60 anos ou mais, representando 6%, sugere que as modalidades de trabalho à distância são mais prevalecentes entre os profissionais de meia-idade mais jovens e adaptáveis do ponto de vista tecnológico (Bellotti et al. 2021). Examinando os níveis de escolaridade, os dados revelam uma presença substancial de indivíduos com um elevado nível de educação entre os trabalhadores remotos. Nomeadamente, 50% dos inquiridos têm um diploma de bacharelato ou de licenciatura, enquanto 24% têm um mestrado ou um mestrado técnico. Esta prevalência de educação avançada pode significar que as funções de trabalho remoto atraem pessoas com uma base educacional sólida. Além disso, a presença de 18% dos inquiridos com um doutoramento demonstra a existência de um grupo significativo de indivíduos com graus académicos avançados, o que significa a diversidade intelectual no contexto do trabalho à distância (Posselt, 2013). No que respeita à experiência, a distribuição dos anos passados como trabalhadores remotos revela uma visão intrigante. A percentagem mais elevada, 30%, situa-se no intervalo de 3-4 anos de experiência, seguida de perto pelos 5-6 anos de experiência, 24%. Esta distribuição sugere um segmento substancial de inquiridos com um nível moderado de experiência de trabalho à distância, o que implica uma aceitação e adaptação crescentes ao trabalho à distância ao longo do tempo. Esta tendência alinha-se com a natureza evolutiva das práticas de trabalho remoto (Błaszczyk et al. 2023). A análise das funções organizacionais revela uma distribuição equilibrada entre as posições hierárquicas entre os trabalhadores remotos. Os cargos de nível médio constituem a maior categoria, com 38%, seguidos de perto pelos gestores de linha, com 32%. Esta distribuição sublinha a natureza inclusiva do trabalho à distância, com representação de vários estratos organizacionais. Essa diversidade de funções desafia a noção de que o trabalho remoto está confinado a níveis específicos dentro de uma organização (Morrison-Smith e Ruiz, 2020). No que diz respeito ao local de trabalho, os dados destacam uma preferência dominante pelo trabalho remoto a partir de casa, com 86% dos inquiridos a indicarem esta modalidade. Os restantes 14% trabalham a partir de outros locais remotos. Esta inclinação para o trabalho remoto a partir de casa pode ser atribuída à conveniência, ao conforto e às infra-estruturas tecnológicas que as casas proporcionam. Esta constatação sublinha a importância de um ambiente de trabalho confortável na adoção do trabalho remoto (Ng, Lit e Cheung, 2022). Por fim, considerando a natureza dos cargos atuais, surge um cenário variado. A maioria dos inquiridos (62%) está envolvida em trabalho remoto a tempo inteiro, enquanto 18% estão envolvidos em acordos a tempo parcial e 20% trabalham com base em contratos. Esta distribuição sublinha as diversas formas como os indivíduos se envolvem no trabalho à distância, refletindo uma fluidez nas modalidades de trabalho que respondem a diferentes necessidades profissionais (Kaduk et al. 2019).

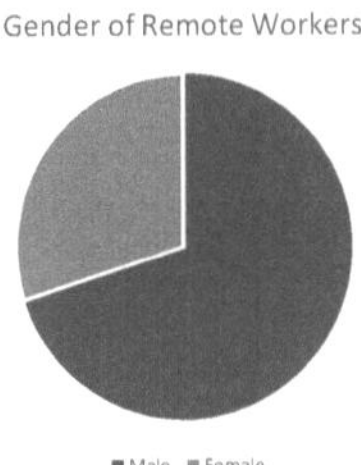

Figura 5: Género dos trabalhadores à distância

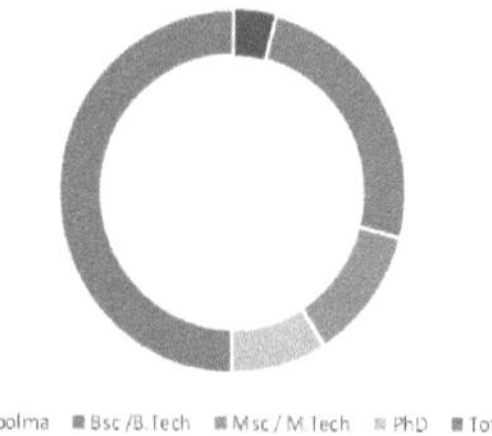

Figura 6: Qualificação académica dos trabalhadores remotos

Figura 7: Anos de experiência dos trabalhadores à distância

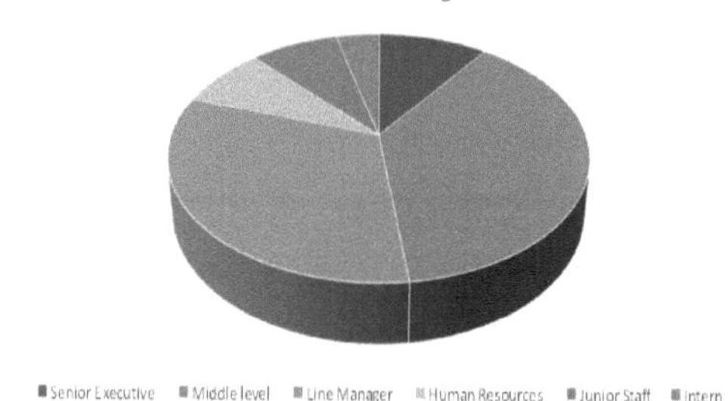

Figura 8: Nível atual de trabalhadores remotos na organização

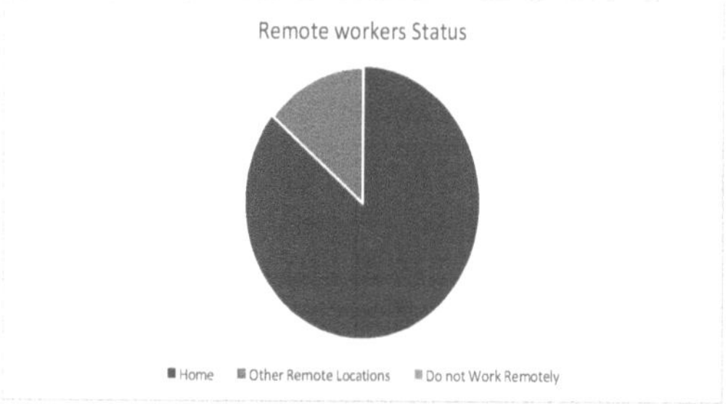

Figura 9: Estatuto dos trabalhadores à distância

Quadro 3: **Avaliação das práticas existentes para preservar a confidencialidade, a integridade e a disponibilidade (CIA) dos dados entre os trabalhadores remotos**

	Frequência	Percentagem
A sua organização forneceu formação e diretrizes suficientes aos trabalhadores remotos para manter a confidencialidade dos dados sensíveis durante o trabalho remoto		
Discordo totalmente	3	6.00
Não concordo	7	14.00
Indecisos	5	10.00
De acordo	15	30.00
Concordo totalmente	20	40.00
Total	50	100.00
Os trabalhadores remotos da sua organização aderem aos protocolos de segurança e às melhores práticas para garantir a integridade dos dados enquanto trabalham remotamente.		
Discordo totalmente	3	6.00
Não concordo	2	4.00
Indecisos	4	8.00
De acordo	26	52.00
Concordo totalmente	15	30.00
Total	50	100.00
Os trabalhadores remotos compreendem os potenciais riscos de segurança associados às suas funções e responsabilidades específicas		
Discordo totalmente	19	38.00
Não concordo	18	36.00
Indecisos	6	12.00
Concordo	3	6.00
Concordo totalmente	4	8.00
Total	50	100.00
Os trabalhadores remotos da sua organização cumprem a utilização de canais de comunicação encriptados e ligações de rede seguras para proteger a confidencialidade dos dados durante o trabalho remoto		
Discordo totalmente	9	18.00
Não concordo	11	22.00
Indecisos	19	38.00
Concordo	5	10.00
Concordo totalmente	6	12.00
Total	50	100.00
As políticas e práticas de segurança da sua organização abordam eficazmente os desafios únicos enfrentados pelos trabalhadores remotos na preservação da confidencialidade, integridade e disponibilidade dos dados		
Discordo totalmente	8	16.00
Não concordo	9	18.00

Indecisos	4	8.00
De acordo	12	24.00
Concordo totalmente	17	34.00
Total	50	100.00
Sente-se confiante para identificar e comunicar actividades suspeitas ou violações de segurança encontradas durante o trabalho remoto,		
Discordo totalmente	3	6.00
Não concordo	4	8.00
Indecisos	7	14.00
De acordo	11	22.00
Concordo totalmente	25	50.00
Total	50	100.00
Fonte: Inquérito de campo do autor (2023).		

O quadro 3 apresenta uma avaliação das práticas actuais de manutenção da confidencialidade, integridade e disponibilidade (CIA) dos dados entre os trabalhadores à distância. Começando pela prestação de formação e orientação aos trabalhadores remotos para garantir a confidencialidade dos dados, é de notar que uma maioria considerável dos inquiridos é positiva. Uma percentagem considerável de 70% concorda ou concorda totalmente que a sua organização forneceu formação e normas suficientes para a proteção de dados sensíveis durante o trabalho à distância. Este estudo indica que as organizações reconheceram a necessidade de formar os trabalhadores remotos sobre a segurança dos dados, que é uma parte vital da proteção da CIA e pode criar uma cultura de responsabilidade e conhecimento entre os trabalhadores remotos (Khandoet al., 2021). Quanto à integridade dos dados, 82 % dos inquiridos concordam ou concordam fortemente que os trabalhadores à distância na sua organização seguem as políticas de segurança e as melhores práticas para manter a integridade dos dados enquanto trabalham à distância. Esta percentagem elevada demonstra um grande nível de dedicação à preservação da qualidade e fiabilidade dos dados. A adesão estrita aos protocolos de segurança sublinha a importância dos trabalhadores à distância para manter a integridade dos dados sensíveis, o que é fundamental para a confiança e a fiabilidade da organização (Shahid e Khan, 2023). No entanto, indica que existe uma lacuna significativa na compreensão, por parte dos trabalhadores à distância, das potenciais ameaças à segurança relacionadas com as suas tarefas e responsabilidades individuais. Uma percentagem considerável de 74% dos inquiridos discorda totalmente ou discorda da ideia de que os trabalhadores remotos estão conscientes destes riscos. Esta lacuna de sensibilização realça a importância de as organizações aumentarem os seus esforços para comunicar as implicações de segurança do trabalho remoto, assegurando que os trabalhadores estão equipados com os conhecimentos necessários para identificar e resolver vulnerabilidades, melhorando assim o panorama geral da cibersegurança (Kertysova et al. 2018). A questão da salvaguarda do sigilo dos dados através de canais de comunicação encriptados e ligações de rede seguras é complicada. Embora 52% dos inquiridos concordem, 40% estão indecisos ou discordam. Isto sugere que há espaço para melhorias na promoção da utilização de soluções de comunicação seguras, uma vez que a encriptação é uma componente fundamental do sigilo dos dados, em especial em ambientes de trabalho remoto em que a informação circula por várias redes e dispositivos (Xu e Zheng, 2022).As opiniões dos inquiridos diferem quanto à eficácia das políticas de segurança organizacionais na abordagem dos problemas específicos enfrentados pelos trabalhadores à distância na preservação da CIA dos dados. Enquanto 58% consideram que as medidas são eficazes, 34% concordam plenamente, o que indica uma opinião algo positiva sobre a sua utilidade. No entanto, a prevalência de pontos de vista opostos mostra que as organizações devem atualizar constantemente as suas políticas para corresponder à natureza evolutiva do trabalho remoto e ao cenário dinâmico da cibersegurança (Organização para a Cooperação e Desenvolvimento Económico, 2012). Quando se mede a confiança dos trabalhadores remotos na deteção e comunicação de acções suspeitas ou violações da segurança, surge uma nota otimista. Uma percentagem considerável de 72% concorda ou concorda totalmente que está confiante no desempenho destas responsabilidades. Esta resposta é fundamental porque os trabalhadores remotos actuam como a primeira linha de defesa contra potenciais violações de segurança. Dar ao pessoal remoto os conhecimentos e a confiança necessários para identificar e comunicar eventos de segurança pode ajudar a atenuar as ameaças e garantir respostas atempadas (Cichonski et al., 2012; Malecki, 2020).

Quadro 4: **Análise das principais lacunas nas violações de segurança entre os trabalhadores remotos**

	Frequência	Percentagem
Como classificaria a sua confiança nas medidas de segurança que tem em vigor quando trabalha remotamente		
Muito inseguro	4	6.00
Inseguro	5	14.00
Moderadamente seguro	6	10.00
Seguro	14	30.00
Muito seguro	21	40.00
Total	50	100.00

Fonte: Inquérito de campo do autor (2023).

O quadro 4 mostra a avaliação das medidas de segurança entre os trabalhadores remotos, bem como as principais lacunas em matéria de violações da segurança. O estudo procurou avaliar a confiança dos inquiridos nas medidas de segurança que tinham posto em prática quando trabalhavam à distância. Os resultados revelam uma grande variedade de crenças sobre a segurança dos ambientes de trabalho à distância. Uma proporção considerável dos inquiridos estava confiante nos seus procedimentos de segurança. Um número significativo de 40% dos participantes afirmou sentir-se "muito seguro" nas suas configurações de trabalho remoto, enquanto outros 30% afirmaram sentir-se "seguros". Isto sugere que a grande maioria dos trabalhadores remotos está satisfeita com as precauções de segurança que implementou. Estas reacções podem estar relacionadas com um maior conhecimento das preocupações com a cibersegurança, bem como com iniciativas de organizações e pessoas para melhorar a segurança do trabalho à distância. No entanto, o quadro chama a atenção para possíveis pontos fracos nas configurações do trabalho à distância. Cerca de 14% dos participantes expressaram abertamente um sentimento de "insegurança", enquanto outros 6% utilizaram o termo "muito inseguro" para descrever as suas emoções. Estas respostas, em conjunto, sublinham um grau notável de apreensão entre os trabalhadores à distância relativamente à segurança dos seus actuais ambientes de trabalho. Esta resposta pode ser atribuída a uma série de questões, incluindo a dificuldade de estabelecer sistemas remotos seguros, a falta de conhecimento das melhores práticas ou os limites das ferramentas e tecnologias que lhes são acessíveis. Além disso, estas conclusões são coerentes com investigações anteriores que salientam a natureza dinâmica das ameaças à cibersegurança em contextos de trabalho à distância. Devido a ocorrências globais como a pandemia de COVID-19, as organizações e os indivíduos foram expostos a perigos acrescidos. A utilização de dispositivos pessoais, redes e canais de comunicação não seguros, bem como a falta de monitorização direta, podem proporcionar oportunidades para os cibercriminosos explorarem os pontos fracos (Aleem et al. 2022). Borkovich e Skovira (2020) descobriram que os trabalhadores remotos subestimam frequentemente os possíveis perigos, o que resulta em medidas de segurança deficientes. Além disso, as diferenças nos níveis de confiança na segurança podem dever-se a diferenças nos conhecimentos individuais e na compreensão das práticas de cibersegurança. De acordo com Khando et al. (2021), os indivíduos que têm um nível mais elevado de sensibilização para a cibersegurança têm mais probabilidades de executar medidas de segurança adequadas quando trabalham à distância. Este facto realça a importância da educação e formação contínuas para colmatar as lacunas de sensibilização para a segurança entre os trabalhadores remotos.

Quadro 5: **Práticas de segurança aplicadas durante o trabalho à distância**

	Contagem	Percentagem
Quais das seguintes práticas de segurança implementa regularmente quando trabalha remotamente		
Utilizar uma rede privada virtual (VPN)	35	70.00%
Encriptação de dados e ficheiros sensíveis	28	56.00%
Autenticação de dois factores para início de sessão	20	40.00%
Atualização regular do software e das aplicações	42	84.00%
Outros	3	6.00%

Fonte: Inquérito de campo do autor (2023).

O quadro 5 mostra as práticas de segurança que os trabalhadores à distância utilizam quando trabalham em contextos não tradicionais. A investigação salienta a forma como os trabalhadores à distância incorporam numerosas medidas de segurança nas suas rotinas para melhorar a segurança dos seus processos de trabalho. A utilização de redes privadas virtuais (VPN) é a prática de segurança mais generalizada entre os inquiridos, com uma percentagem considerável de 70% a confirmar a sua aplicação regular. As VPN são ferramentas essenciais para estabelecer ligações encriptadas e salvaguardar o sigilo e a integridade dos dados transmitidos através de redes potencialmente vulneráveis. Este padrão de preocupação está em consonância com os resultados de um estudo realizado por Perwe et al. (2021), que salienta o papel fundamental das redes privadas virtuais (VPN) na proteção das comunicações e dos dados do trabalho remoto contra potenciais violações, escutas e interceção não autorizada de dados. Esta prática é coerente com os resultados de um inquérito realizado por Cybersecurity

Tariq et al. (2023), que identificou a encriptação como uma abordagem importante para os trabalhadores remotos limitarem as violações de dados e o acesso não autorizado. Quarenta por cento dos inquiridos utilizam a autenticação de dois factores (2FA) para os procedimentos de início de sessão. A 2FA aumenta a segurança do início de sessão, pedindo aos utilizadores que introduzam dois elementos de identidade, geralmente uma palavra-passe e um código único atribuído a um segundo dispositivo. Dado que a 2FA foi reconhecida como uma medida de defesa eficaz contra o acesso não autorizado, a menor taxa de implementação desta prática pode indicar uma potencial área de desenvolvimento. Petsas et al. (2015) concluíram que a 2FA reduz consideravelmente a probabilidade de acesso não autorizado, mesmo quando as palavras-passe estão comprometidas. Cerca de 84% dos inquiridos dão prioridade a actualizações regulares do software e das aplicações. Esta prática é fundamental para manter a segurança do ambiente de trabalho remoto porque o software desatualizado pode ter falhas conhecidas que os atacantes podem explorar. De acordo com um estudo realizado pelo Centro de Coordenação CERT (2021), as actualizações de software são fundamentais para atenuar os ciberataques que visam vulnerabilidades de software conhecidas. A categoria "Outros", com 6%, indica que uma pequena percentagem dos inquiridos utiliza práticas de segurança adicionais para além das indicadas no estudo. Esta variação realça as várias tácticas que as pessoas utilizam com base nos seus diferentes requisitos e níveis de sensibilização.

Quadro 6: Com que frequência recebe formação ou orientação sobre as melhores práticas de segurança no trabalho à distância por parte do seu empregador

Frequência de formação	Frequência	Percentagem
Diário	8	16.00%
Semanal	12	24.00%
Mensal	10	20.00%
Raramente	14	28.00%
Nunca	6	12.00%
Total	50	100.00%

Fonte: Inquérito de campo do autor (2023).

O quadro 6 mostra a frequência com que as empresas ministram formação e aconselham sobre as melhores práticas para manter um ambiente de trabalho à distância seguro. Os resultados do inquérito mostram que a frequência da formação varia. Uma grande parte dos inquiridos, 28%, afirmou que "raramente" recebeu formação sobre segurança no trabalho à distância, enquanto outros 12% afirmaram que "nunca" receberam essa formação. Isto aponta para uma potencial lacuna nos esforços de algumas empresas para educar eficazmente os seus empregados remotos sobre as práticas de segurança recomendadas. Esta descoberta alinha-se perfeitamente com as conclusões tiradas por Khando et al. (2021), cuja investigação revelou que a ausência de formação e orientação consistentes pode potencialmente diminuir a sensibilização e as práticas de segurança dos trabalhadores remotos. Por outro lado, o aspeto positivo surge quando uma maioria substancial dos inquiridos participa em alguma forma de formação. Especificamente, 24% dos indivíduos recebem instruções numa base "semanal", seguidos de 20% numa base "mensal" e 16% numa base "diária". Isto reflecte o empenho de uma grande parte dos empregadores em proporcionar formação contínua em matéria de segurança. A investigação também demonstra o potencial impacto da frequência da formação nos conhecimentos e práticas de segurança dos trabalhadores remotos. De acordo com a investigação de Malinen (2021), a formação frequente em matéria de segurança pode conduzir a um melhor comportamento de segurança, ajudando os indivíduos a reconhecer e a responder eficazmente às ameaças. Isto realça a importância de colmatar a lacuna de formação para aqueles que recebem formação "raramente" ou "nunca", a fim de garantir que todos os trabalhadores remotos estejam equipados para gerir os riscos de segurança.

Quadro 7: Alguma vez sofreu uma violação da segurança ou um incidente cibernético enquanto trabalhava remotamente

Incidentes experimentados	Frequência	Percentagem
Sim	18	36.00%
Não	32	64.00%

Fonte: Inquérito de campo do autor (2023).

O quadro 7 apresenta as conclusões de um estudo de dados sobre a frequência das violações da segurança ou dos ciberincidentes enfrentados pelos trabalhadores à distância. De acordo com os resultados, um número considerável de inquiridos, 36%, tinha sofrido violações de segurança ou ciberincidentes enquanto trabalhava à distância. Isto mostra que os ambientes de trabalho remoto são vulneráveis ao panorama em constante mudança dos perigos cibernéticos. Estes incidentes podem incluir tudo, desde campanhas de phishing a violações de dados. Isto é consistente com a investigação do Cybersecurity Research Institute (2019), que destacou a crescente sofisticação dos ciberataques dirigidos aos trabalhadores remotos, aproveitando as fraquezas causadas pela utilização de dispositivos pessoais e redes menos seguras. Em contrapartida, 64% dos inquiridos afirmaram não ter tido violações de segurança ou problemas cibernéticos quando trabalhavam à distância. Embora este número seja encorajador, é importante sublinhar que a ausência de eventos registados nem sempre implica uma segurança sem falhas. Pode ser atribuída a uma série de circunstâncias, incluindo boa sorte, medidas de segurança eficientes ou falta de sensibilização para eventuais incidentes. Tariq et al. (2023) concluíram que a ausência de ocorrências registadas nem sempre implica a ausência de ameaças, sublinhando a importância de manter uma sensibilização constante. Os resultados sublinham a importância de as organizações e as pessoas investirem em soluções de cibersegurança para situações de trabalho remoto. Devido a eventos globais, o aumento do trabalho remoto estimulou os hackers a intensificarem os seus esforços, tornando os trabalhadores remotos alvos vulneráveis. De acordo com um estudo da Global Cyber Alliance (2020), as práticas básicas de segurança, como a autenticação do correio eletrónico e as ligações seguras, desempenham um papel importante na redução dos contratempos cibernéticos entre os trabalhadores remotos.

Quadro 8: Que tipo de violação de segurança encontrou

Violação da segurança	Frequência	Percentagem	
Ataque de phishing	18	36.00%	
Ataque de ransomware	5	10.00%	
Acesso não autorizado ao seu dispositivo	12	24.00%	
Fuga ou exposição de dados	8	16.00%	
Infeção por malware	7	14.00%	
Outros	0	0.00%	
Total	50	100.00%	

Fonte: Inquérito de campo do autor (2023).

O quadro 8 descreve os tipos de violações da segurança sofridas pelos trabalhadores à distância, oferecendo uma visão dos riscos cibernéticos específicos que enfrentam quando trabalham em contextos não tradicionais. Os dados sublinham a natureza complexa dos perigos da cibersegurança, bem como as várias estratégias utilizadas pelos cibercriminosos para explorar as vulnerabilidades. Os ataques de phishing são a violação de segurança mais comum, com 36% dos inquiridos a reportarem tais casos. Os ataques de phishing utilizam abordagens enganosas para levar as pessoas a revelar informações sensíveis ou a descarregar software perigoso. Este facto é consistente com as conclusões de um estudo do Anti-Phishing Working Group (2021), que constatou um grande aumento das tentativas de phishing no contexto do aumento do trabalho remoto, sublinhando a vulnerabilidade dos trabalhadores remotos a este tipo de engenharia social. O acesso não autorizado a dispositivos é a segunda violação mais frequente, com 24% dos inquiridos a comunicarem ocorrências de acesso não autorizado a dispositivos. Os dispositivos e redes pessoais utilizados em ambientes de trabalho remotos podem apresentar fragilidades, tornando-os alvos atractivos para os cibercriminosos. A investigação de Rah (2023) sublinhou a importância das práticas de gestão segura dos dispositivos para evitar o acesso não autorizado em contextos de trabalho remoto. 16% dos inquiridos relataram eventos de fuga ou divulgação de dados. Estas ocorrências envolvem a divulgação não intencional ou não autorizada de material sensível, que é frequentemente o resultado de procedimentos de segurança insuficientes. Dado que os trabalhadores acedem e trocam dados a partir de vários locais e dispositivos, a tendência para o trabalho à distância suscitou preocupações quanto à fuga de dados. O Ponemon Institute (2020) realizou um estudo que destacou os perigos acrescidos das violações de dados e as suas ramificações financeiras em situações de trabalho remoto. Os ataques de ransomware (10%) e as infecções por malware (14%), por outro lado, foram menos frequentemente comunicados. Os ataques de ransomware encriptam dados e exigem um resgate em troca da sua libertação, enquanto as infecções por malware introduzem software perigoso que pode comprometer a segurança do sistema. Estas conclusões realçam a natureza dinâmica das ciberameaças e a importância de esforços contínuos para mitigar estes perigos. A investigação da Malwarebytes (2021) revelou um pico nos ataques de ransomware dirigidos a trabalhadores remotos durante a epidemia, sublinhando a necessidade vital de medidas de segurança fortes.

Tabela 9: **Frequência de atualização da palavra-passe entre os trabalhadores remotos**

Atualização da palavra-passe frequência	Frequência	Percentagem
Nunca	2	4.00%
Raramente	10	20.00%
Ocasionalmente	15	30.00%
Frequência	12	24.00%
Sempre	11	22.00%
Total	50	100.00%

Fonte: Inquérito de campo do autor (2023).

O quadro 9 indica os hábitos de atualização das palavras-passe dos trabalhadores remotos, que é uma componente importante da manutenção da higiene da cibersegurança. Os dados revelam as várias técnicas que as pessoas utilizam quando se trata de atualizar as suas palavras-passe, destacando potenciais pontos fracos e a necessidade de melhores práticas de gestão de palavras-passe. De acordo com os resultados do inquérito, uma percentagem considerável proporção detrabalhadores remotos são diligentes na atualizaçãoas suas palavras-passe. Cerca de 22% dos inquiridos afirmaram que actualizam as suas palavras-passe "sempre", demonstrando um compromisso notável com a segurança das suas contas e informações sensíveis. Isto é consistente com os conselhos de especialistas em cibersegurança, como Habib (2018), que salientam a importância de atualizar constantemente as palavras-passe para reduzir o perigo de acesso não autorizado. No entanto, ainda há espaço para melhorias, uma vez que os dados revelam comportamentos de atualização menos frequentes. Aproximadamente 20% dos inquiridos disseram que actualizam as suas palavras-passe "raramente", enquanto 30% disseram que o fazem "ocasionalmente". Estes comentários suscitam preocupações quanto aos riscos da utilização de palavras-passe antigas ou pirateadas. De acordo com a investigação de Bonjak e Brumen (2019), as palavras-passe que não são alteradas durante um longo período de tempo tornam-se vulneráveis a ataques como os ataques de força bruta ou a pulverização de palavras-passe. Uma pequena percentagem dos inquiridos, 4%, afirmou que nunca altera as suas palavras-passe. Esta constatação é preocupante porque as palavras-passe obsoletas podem criar fragilidades de segurança que os atacantes podem explorar. A investigação da Verizon (2020) salientou o impacto das vulnerabilidades relacionadas com as palavras-passe nas violações de dados e a importância da educação sobre os riscos das más práticas em matéria de palavras-passe.

Quadro 10: **Utilização da mesma palavra-passe para várias contas entre trabalhadores à distância**

A mesma palavra-passe para várias contas	Frequência	Percentagem
Sim	20	40.00%
Não	30	60.00%
Total	50	100.00%

Fonte: Inquérito de campo do autor (2023).

O quadro 10 mostra uma caraterística crítica da segurança das palavras-passe dos trabalhadores remotos: a prática de utilizar a mesma palavra-passe para muitas contas. O relatório esclarece a omnipresença deste comportamento inseguro e sublinha a importância de melhores práticas de gestão das palavras-passe para melhorar a cibersegurança. De acordo com os resultados da sondagem, 40% dos trabalhadores remotos admitem utilizar a mesma palavra-passe para várias contas. Este hábito, conhecido como reutilização de palavras-passe, é perigoso, uma vez que agrava os efeitos de uma violação de uma única conta. Os cibercriminosos que roubam com sucesso uma palavra-passe de uma conta comprometida podem conseguir obter acesso não autorizado a outras contas utilizando as mesmas credenciais. Esta constatação preocupante é coerente com a investigação de Li e Liu (2021), que salientou o perigo acrescido de violações de dados devido à reutilização de palavras-passe. Em contrapartida, os resultados sugerem que a maioria dos inquiridos, 60 %, não se envolve nesta prática prejudicial. Isto mostra que uma proporção considerável de trabalhadores remotos está mais consciente da importância da gestão de palavras-passe. Jenab e Moslehpour (2016) descobriram que as pessoas que são informadas sobre os riscos da reutilização de palavras-passe têm mais probabilidades de utilizar práticas de utilização de palavras-passe seguras. A reutilização de palavras-passe é uma tendência preocupante que as organizações e as pessoas devem abordar. De acordo com um estudo realizado pelo National Institute of Standards and Technology (NIST, 2021), é fundamental utilizar palavras-passe únicas para cada conta, a fim de minimizar as consequências de um compromisso. O NIST recomenda a utilização de gestores de palavras-passe para ajudar os indivíduos a estabelecer e gerir palavras-passe complicadas e únicas para cada conta.

Quadro 11: **Frequência da sensibilização para a segurança entre os trabalhadores à distância**

Formação em segurança Frequência	Frequência	Percentagem
Nunca	5	10.00%
Uma vez por ano	12	24.00%
Duas vezes por ano	8	16.00%
Trimestral	10	20.00%
Mensal	15	30.00%
Total	50	100.00%

Fonte: Inquérito de campo do autor (2023).

O Quadro 11 mostra a frequência com que os trabalhadores à distância recebem formação de sensibilização para a segurança. De acordo com os dados, uma percentagem considerável de trabalhadores à distância (30%) recebe formação de sensibilização para a segurança mensalmente. Esta frequência é positiva, uma vez que as sessões de formação regulares podem manter o pessoal atualizado sobre os perigos de segurança e as melhores práticas mais recentes. Investigações anteriores, como o estudo de Ray (2014), demonstraram que a formação regular em matéria de segurança pode reduzir significativamente a probabilidade de violações da segurança. Em contrapartida, apenas 24% dos trabalhadores remotos recebem formação em segurança uma vez por ano. Isto é motivo de preocupação, uma vez que a formação anual pode não ser suficiente para manter o pessoal atualizado no domínio da cibersegurança, que está em rápida evolução. De acordo com Airehrour, Vasudevan Nair e Madanian (2018), uma formação pouco frequente pode expor os trabalhadores a ataques de engenharia social. Além disso, a investigação mostra que 20% dos trabalhadores remotos recebem formação em segurança trimestralmente. Este é um bom sinal, porque a formação trimestral encontra um bom equilíbrio entre consistência e praticidade. Caldwell (2016) descobriu anteriormente que a formação trimestral pode ser benéfica para manter a sensibilização para a segurança sem sobrecarregar o pessoal. 16% dos trabalhadores remotos recebem formação em matéria de segurança duas vezes por ano. Embora esta frequência seja preferível à formação anual, pode ainda expor o pessoal a ameaças à segurança. De acordo com Kertysova et al. (2018), os riscos de cibersegurança podem evoluir rapidamente, exigindo uma formação mais frequente do que as sessões semestrais. A estatística mais preocupante é o facto de 10% dos trabalhadores remotos nunca receberem qualquer formação de sensibilização para a segurança. Esta constatação é coerente com as conclusões de Dinev e Hart (2006), que descobriram que o pessoal que nunca recebe formação em matéria de segurança tem maior probabilidade de cometer erros que conduzem a violações da segurança.

Quadro 12: **Métodos de autenticação multifactor (MFA) entre trabalhadores remotos**

Métodos MFA	Frequência	Percentagem
SMS / E-mail	20	40.00%
Autenticação	25	50.00%
Chave física	5	10.00%
Autenticação biométrica	8	16.00%
Não é utilizada a MFA	15	30.00%
Total	50	100.00%

Fonte: Inquérito de campo do autor (2023).

O quadro 12 apresenta dados sobre a utilização de várias técnicas de autenticação multifactor (MFA) pelos trabalhadores remotos. De acordo com a tabela, a autenticação por SMS/E-mail é a técnica de autenticação multifactor mais utilizada entre os trabalhadores remotos inquiridos, representando 40% das respostas. Esta abordagem implica que os clientes obtenham um código único através do dispositivo móvel ou do correio eletrónico, que devem introduzir juntamente com as suas palavras-passe. Esta popularidade pode ser atribuída ao facto de não exigir hardware adicional ou software especializado para ser implementado. No entanto, Andrews (2018) advertiu que a autenticação baseada em SMS pode estar sujeita a ataques de troca de cartões SIM e tentativas de phishing, comprometendo assim a sua eficácia. As aplicações de autenticação são o segundo método MFA mais popular, representando 50% dos inquiridos. Estas aplicações criam códigos sensíveis ao tempo, que os utilizadores têm de introduzir para além das suas palavras-passe. Este método ganhou popularidade devido à sua segurança superior quando comparado com as abordagens baseadas em SMS. A investigação de Jover (2020) sublinha o valor da autenticação das aplicações na resistência a vários ciberataques. As chaves físicas, como fichas de hardware ou chaves de segurança, foram utilizadas por uma proporção menor de trabalhadores remotos (10%).

Embora esta solução proporcione uma forte segurança e prevenção de phishing, pode implicar mais despesas e logística. De acordo com a investigação de Albesher (2023), as chaves físicas são extremamente bem sucedidas na prevenção do acesso não autorizado e da apropriação de contas. Outra opção de autenticação multifuncional notável é a autenticação biométrica, que foi escolhida por 16% dos inquiridos. Este método baseia-se em caraterísticas biológicas únicas, como as impressões digitais ou o reconhecimento facial. A biometria proporciona um método conveniente e seguro de autenticação do utilizador; no entanto, existem preocupações quanto à privacidade e à possibilidade de violação de dados biométricos (Bhadauria et al., 2020). No entanto, Jain, Nandakumar e Ross (2016) constataram que as tecnologias biométricas avançaram e têm potencial para melhorar os sistemas de autenticação. Além disso, 30 % dos trabalhadores remotos afirmaram não utilizar qualquer abordagem de autenticação multifuncional. Dada a prevalência das ameaças à cibersegurança, esta descoberta é preocupante. Estudos anteriores, como o trabalho de Althobaiti (2016), sublinham a necessidade de utilizar a autenticação multifator para evitar os riscos associados às vulnerabilidades relacionadas com as palavras-passe.

Tabela 13: **Proteger dados de trabalho em Wi-Fi público**

Métodos de segurança Wi-Fi	Frequência	Percentagem	
Evitar o Wi-Fi público	15	30.00%	
Empresa VPN	20	40.00%	
VPN pessoal	5	10.00%	
Sem precauções adicionais	10	20.00%	
Total	50	100.00%	

Fonte: Inquérito de campo do autor (2023).

O quadro 13 fornece informações sobre as medidas utilizadas pelos trabalhadores à distância para proteger os seus dados de trabalho quando utilizam redes Wi-Fi públicas. De acordo com a tabela, os trabalhadores remotos utilizam uma variedade de estratégias para encriptar os seus dados de trabalho enquanto acedem a redes Wi-Fi públicas. Nomeadamente, 40% dos inquiridos optam por utilizar uma rede privada virtual (VPN) empresarial. Este processo implica o encaminhamento do tráfego de rede através de uma ligação encriptada para os servidores da empresa, o que melhora a segurança dos dados. De acordo com Karaymeh et al. (2019), a utilização de uma VPN empresarial pode reduzir significativamente o risco de interceção de dados e de acesso não autorizado. Outra técnica importante, escolhida por 30% dos participantes, é evitar redes Wi-Fi públicas. Esta abordagem cuidadosa reflecte a compreensão dos funcionários distantes dos riscos inerentes ao Wi-Fi público. Investigações anteriores, como a de Zou et al. (2016), sublinham a vulnerabilidade das redes Wi-Fi públicas a numerosos tipos de assaltos, o que faz com que evitá-las seja uma precaução de segurança sensata. Uma percentagem menor de inquiridos (10%) afirmou utilizar uma rede privada virtual (VPN) pessoal. Embora as VPN pessoais ofereçam vantagens de encriptação semelhantes às

VPNs empresariais, podem não ter o mesmo nível de segurança e controlo. A investigação de Ahanger et al. (2023) sublinha a necessidade de escolher serviços VPN reconhecidos e fiáveis para evitar quaisquer problemas. 20% dos trabalhadores remotos afirmaram que não tomam quaisquer medidas de proteção adicionais quando utilizam redes Wi-Fi públicas. Esta conclusão é coerente com as conclusões de Sombatruang et al. (2018), que descobriram um fosso entre a sensibilização dos utilizadores para os perigos de segurança e as suas práticas de segurança reais. A prevalência desta reação sublinha a importância de programas contínuos de educação e sensibilização para promover comportamentos seguros.

CAPÍTULO CINCO

RESUMO DOS PRINCIPAIS RESULTADOS, CONCLUSÕES E RECOMENDAÇÕES

5.1. Resumo das principais conclusões

1. Os resultados revelam que as organizações estão a melhorar a proteção de dados através de formação e normas para o trabalho remoto. Os trabalhadores à distância seguem práticas de integridade dos dados, mas persiste uma lacuna de sensibilização para os riscos de segurança nas tarefas. A comunicação segura é utilizada, mas há espaço para melhorias. Políticas de segurança organizacionais eficazes abordam os desafios do trabalho remoto.

2. O estudo revela uma confiança positiva na segurança entre os trabalhadores remotos, com muitos a sentirem-se seguros nas suas configurações. Uma proporção notável enfrentou violações de segurança, principalmente phishing e acesso não autorizado a dispositivos. Estas conclusões sublinham a importância de manter a vigilância em ambientes de trabalho remotos, de abordar as violações prevalecentes e de aumentar a sensibilização para a segurança, a fim de reduzir eficazmente os riscos.

3. Uma grande maioria dos trabalhadores remotos dá prioridade às medidas de cibersegurança e utiliza redes privadas virtuais (VPN) para ligações seguras, reforçando a proteção dos dados. Além disso, os trabalhadores remotos utilizam a autenticação de dois factores (2FA) durante os processos de início de sessão, reforçando a segurança das contas. Além disso, dão prioridade a actualizações de software consistentes, reconhecendo a sua importância na prevenção de vulnerabilidades e na garantia de uma postura de segurança resiliente. Estas conclusões sublinham a abordagem proactiva dos trabalhadores remotos para protegerem os seus ambientes de trabalho.

4. A frequência da formação varia entre os trabalhadores à distância, sendo que alguns trabalhadores raramente recebem formação sobre segurança no trabalho à distância. Um aspeto positivo é o facto de os trabalhadores à distância receberem formação semanal, mensal e diária. Nomeadamente, a formação frequente tem um impacto demonstrável no reforço do comportamento e da sensibilização para a segurança. Esta variação realça a necessidade de esforços de formação consistentes e contínuos para dotar os trabalhadores à distância dos conhecimentos e competências necessários para reduzir eficazmente os riscos de segurança.

5. As conclusões revelam que os trabalhadores à distância sofreram violações de segurança ou incidentes cibernéticos e q u e o aumento do trabalho à distância expõe os trabalhadores a um aumento das ciberameaças.

6. Os resultados revelam que as violações de segurança mais comuns incluem phishing, acesso não autorizado a dispositivos, fugas de dados e infecções por malware, mostrando também a natureza dinâmica das ameaças dos cibercriminosos para explorar vulnerabilidades.

7. Os trabalhadores remotos actualizam constantemente as suas palavras-passe, enquanto apenas alguns o fazem raramente. Além disso, as actualizações pouco frequentes expõem o risco de utilização de palavras-passe obsoletas, tornando-as susceptíveis a vários ciberataques. Isto sublinha a importância de atualizar regularmente as palavras-passe para manter uma higiene sólida em matéria de cibersegurança.

8. As conclusões revelam que os trabalhadores remotos reutilizam palavras-passe para várias

contas, o que suscita preocupações em matéria de segurança, enquanto uma parte significativa dos trabalhadores remotos dá prioridade a uma melhor gestão das palavras-passe, evitando esta prática arriscada e reforçando a cibersegurança em geral.

9. A formação de sensibilização para a segurança é recebida apenas por uma pequena parte dos trabalhadores remotos, que tem lugar mensal e anualmente. Por conseguinte, é essencial uma formação consistente, uma vez que se demonstrou que diminui as violações da segurança e melhora a preparação geral para a cibersegurança.

10. Os resultados também revelam que os métodos MFA mais comuns incluem a autenticação por SMS/E-mail e aplicações de autenticação. Dando ênfase à segurança, as chaves físicas e a autenticação biométrica oferecem maior proteção para ambientes de trabalho remotos.

11. Os resultados revelam que a utilização de VPN empresarial para proteger dados em redes Wi-Fi públicas, enquanto alguns trabalhadores remotos evitam essas redes, reconhecendo os riscos. No entanto, uma pequena percentagem não toma precauções adicionais, o que realça a necessidade de sensibilização para práticas de trabalho remoto seguras.

5.2 Conclusão

Este estudo examinou os níveis de sensibilização dos trabalhadores remotos para as violações da segurança e fornece uma visão detalhada das suas práticas, obstáculos e esforços proactivos para manter a cibersegurança no contexto em mutação do trabalho remoto. Os resultados evidenciam uma boa tendência nas tentativas das organizações para melhorar a segurança dos dados através de formação e de normas de trabalho à distância, com os trabalhadores à distância a mostrarem um empenhamento nas práticas de integridade dos dados. Embora os trabalhadores remotos estejam confiantes nas suas configurações de segurança, a incidência de violações de segurança, em particular o phishing e o acesso não autorizado a dispositivos, sublinha o cenário de perigo contínuo que enfrentam. Isto exige uma vigilância contínua para resolver com êxito estas violações e aumentar os conhecimentos de segurança para limitar as ameaças. É evidente que é dada prioridade a medidas de segurança consistentes, como a utilização de redes privadas virtuais (VPN) para ligações seguras e a autenticação de dois factores (2FA) durante os inícios de sessão, o que contribui para melhorar a proteção dos dados e a segurança das contas. A frequência variável da formação em segurança entre os trabalhadores remotos realça a importância de esforços de formação contínuos e abrangentes. A formação regular não só melhora o comportamento e a sensibilização para a segurança, como também serve de técnica eficaz para reduzir as violações da segurança. Isto é especialmente importante dada a natureza em constante mudança dos perigos cibernéticos que os trabalhadores remotos enfrentam, como ilustrado pelo phishing, acesso não autorizado a dispositivos, fugas de dados e infecções por malware. Estas conclusões sublinham a importância de as organizações investirem em programas de formação frequentes e actualizados para fornecer aos trabalhadores remotos as informações e competências necessárias para combater eficazmente estes perigos. A prática de reutilizar palavras-passe para diferentes contas surge como um ponto fulcral, constituindo uma vulnerabilidade de segurança preocupante. A maioria dos trabalhadores remotos reconhece a necessidade de melhorar a gestão das palavras-passe, o que demonstra uma sensibilização crescente para este perigo e para a importância de uma higiene robusta em matéria de cibersegurança. Além disso, a utilização de tecnologias de autenticação multifactor (MFA), como a autenticação por SMS/E-mail, aplicações de autenticação, chaves físicas e autenticação biométrica, é uma abordagem multifacetada para melhorar os níveis de segurança em ambientes de trabalho remotos. O relatório também destaca a importância de práticas seguras em redes Wi-Fi públicas, sendo comum a utilização de VPNs empresariais e o facto de se evitarem cuidadosamente essas redes. Por último, no contexto mais alargado do paradigma do trabalho à distância, estas conclusões contribuem significativamente para o nosso conhecimento sobre a sensibilização dos trabalhadores à distância para as violações de segurança. O estudo sublinha a necessidade de as organizações darem prioridade à formação contínua, a medidas de segurança coerentes e a uma comunicação proactiva para reforçar as capacidades dos trabalhadores à distância para combaterem eficazmente os ciberataques. Dado que o trabalho à distância continua a ser um modo de funcionamento proeminente, esta investigação fornece uma base importante para a conceção de estratégias que aumentem os conhecimentos de segurança e a preparação dos trabalhadores à distância, acabando por proteger os activos e os dados organizacionais face aos perigos cibernéticos emergentes.

5.3 Recomendação

Em consonância com as conclusões anteriores, são propostas as seguintes recomendações;
1. Desenvolva conteúdos de formação cativantes que incluam cenários do mundo real e exemplos práticos para melhorar a compreensão dos riscos de segurança por parte dos trabalhadores remotos e implemente programas regulares e contínuos de formação em segurança para os trabalhadores remotos que abranjam a evolução das ciberameaças, as melhores práticas e a importância da higiene da cibersegurança.
2. Estabeleça canais de comunicação claros e coerentes entre as organizações e a força de trabalho remota. Utilize estes canais para partilhar actualizações de segurança importantes, orientações e informações sobre ameaças emergentes. Sublinhe as medidas de segurança e os potenciais resultados das infracções. Uma comunicação consistente promove a consciencialização e a segurança.

3. Incentive os trabalhadores remotos a adoptarem e utilizarem a autenticação multifactor (MFA) em todas as suas contas. Esta medida estratégica acrescenta um escudo extra de proteção, diminuindo o risco de entrada não autorizada, mesmo em cenários em que as palavras-passe são comprometidas.

4. Incentivar a utilização de palavras-passe fortes e únicas para cada conta, desencorajando a reutilização de palavras-passe, e implementar uma aplicação de gestão de palavras-passe ou fornecer conselhos sobre como estabelecer e gerir corretamente palavras-passe fortes.

5. Sublinhar a necessidade de atualizar o software, os sistemas operativos e as aplicações para resolver as vulnerabilidades e reduzir a probabilidade de ataques de malware.

6. Incentivar os trabalhadores remotos a ligarem-se a redes Wi-Fi públicas utilizando VPNs empresariais para garantir uma transmissão de dados encriptada e segura, e fornecer orientações para reconhecer redes Wi-Fi públicas seguras e evitar ligações arriscadas.

7. Criar um protocolo claro para comunicar e responder a incidentes de segurança o mais rapidamente possível. Criar um ambiente acolhedor no qual os trabalhadores remotos possam

comunicar eventuais infracções.

8. Criar normas de segurança para o trabalho à distância que abordem dificuldades especiais, como a manutenção de redes domésticas seguras, a proteção de dispositivos físicos e a gestão do acesso de familiares.

9. Realize avaliações regulares da sensibilização e das práticas de segurança dos trabalhadores remotos utilizando questionários, testes ou actividades de phishing simuladas. Utilize estes testes para personalizar o conteúdo da formação e abordar questões específicas.

10. Reconhecer e recompensar os trabalhadores à distância que aderem sistematicamente às melhores práticas de segurança e contribuem para um ambiente de trabalho à distância seguro, bem como desenvolver um programa de incentivos que encoraje a participação proactiva na formação em segurança e a comunicação de potenciais ameaças.

11. Incentive a colaboração entre trabalhadores remotos, departamentos de TI e de segurança para garantir que os problemas de segurança são resolvidos de forma rápida e eficiente.

12. Mantenha os trabalhadores remotos actualizados sobre os perigos cibernéticos em desenvolvimento, apresentando exemplos do mundo real e estudos de casos que demonstram as implicações das violações de segurança.

5.3 Áreas de estudo

1. Explore a forma como a utilização de dispositivos pessoais (BYOD - Bring Your Own Device) em ambientes de trabalho remoto afecta a sensibilização e as práticas de segurança.
2. Aprofundar os aspectos psicológicos que influenciam o comportamento de segurança dos trabalhadores remotos. Investigue factores como a perceção do risco, os preconceitos cognitivos e o papel da psicologia humana na formação de respostas a ameaças à segurança.
3. Realizar um estudo longitudinal para avaliar o impacto a longo prazo dos programas de formação em segurança na sensibilização e no comportamento dos trabalhadores remotos em matéria de segurança.

5.4 Autorreflexão e prática profissional

O objetivo deste relatório de autorreflexão e de prática profissional é avaliar de forma crítica o meu percurso de investigação centrado no nível de sensibilização para as violações de segurança dos trabalhadores à distância. Este estudo fornece uma análise exaustiva das práticas existentes que asseguram a integridade dos dados, ao mesmo tempo que avalia o nível de conhecimentos dos trabalhadores à distância no que respeita ao reconhecimento e à resolução eficaz de potenciais violações da segurança. No início, os objectivos específicos de investigação deste estudo foram claramente definidos para avaliar as práticas existentes na preservação da confidencialidade, integridade e disponibilidade (CIA) dos dados em ambiente de trabalho remoto, examinar as principais lacunas nas violações de segurança em ambientes de trabalho remoto e recomendar soluções para colmatar as principais lacunas nas abordagens de cibersegurança para trabalhadores remotos. Inicialmente, o objetivo era obter uma amostra de 100 inquiridos. No entanto, desafios práticos, incluindo restrições de tempo e dificuldades no recrutamento de participantes, levaram à recolha de dados de apenas 50 trabalhadores remotos. Embora esta limitação tenha afetado o âmbito do estudo, os dados recolhidos continuam a fornecer informações valiosas sobre o tema da investigação. A escolha de um questionário como instrumento de investigação revelou-se eficaz na recolha de dados de um grupo geograficamente disperso de trabalhadores remotos. No entanto, os desafios de alargar o grupo de participantes e de obter respostas dentro do prazo desejado obrigaram a uma reavaliação das estratégias de recrutamento. Em retrospetiva, a utilização de plataformas em linha para a recolha de dados atenuou estas questões. Durante a fase de análise dos dados, foi utilizado software de análise estatística para extrair padrões e tendências significativos das respostas ao questionário. Uma conclusão digna de nota é que as organizações estão a melhorar a proteção de dados através de formação e normas para o trabalho remoto, mas persiste uma lacuna de sensibilização para os riscos de segurança nas tarefas. No entanto, verificou-se uma nítida falta de sensibilização para as ameaças emergentes, como os ataques de engenharia social, o que tem implicações significativas para as organizações que dependem de forças de trabalho remotas. Os desafios encontrados ao longo do processo de investigação incluíram dificuldades de recrutamento de participantes, restrições de tempo e acesso limitado a determinadas populações de trabalhadores remotos. A adaptação do calendário da investigação e a utilização de plataformas de redes sociais para o recrutamento de participantes foram estratégias utilizadas para ultrapassar estes desafios. As considerações éticas foram fundamentais, com uma conceção cuidadosa do questionário para evitar a recolha de informações de identificação pessoal e a obtenção do consentimento informado de todos os participantes. Aperfeiçoei as minhas capacidades em matéria de conceção de inquéritos, recolha de dados e análise estatística, adquirindo proficiência na utilização de software estatístico para o tratamento de dados de inquéritos. Além disso, esta experiência melhorou as minhas capacidades de comunicação, permitindo-me transmitir eficazmente os resultados da investigação através de relatórios escritos e apresentações, traduzindo informações técnicas complexas para intervenientes não técnicos. Os desafios encontrados durante este projeto de investigação fomentaram o desenvolvimento de competências sólidas de resolução de problemas, que desde então se têm revelado transferíveis para vários contextos profissionais. Para além destes aspectos de crescimento pessoal, os resultados desta investigação sublinham a necessidade de as organizações investirem na formação de sensibilização para a segurança dos trabalhadores remotos. De um modo geral, este percurso de investigação foi uma experiência transformadora, que contribuiu não só para a minha compreensão da segurança no trabalho remoto, mas também para as minhas competências profissionais e de investigação. Apesar dos desafios encontrados, os conhecimentos adquiridos têm o potencial de influenciar positivamente as práticas de segurança dos trabalhadores remotos e a postura de segurança das respectivas organizações.

REFERÊNCIAS

Abukari, A. M., e Bankas, E. K. (2020). Alguns protocolos higiénicos de cibersegurança para teletrabalhadores no período de pandemia da COVID-19 e mais além. Revista Internacional de Investigação Científica e de Engenharia, 11(4), 1401-1407.

Ahanger, T.A., Tariq, U., Dahan, F., Chaudhry, S.A. e Malik, Y., 2023. Protegendo dispositivos IoT que executam PureOS de ataques de ransomware: Leveraging Hybrid Machine Learning Techniques. Matemática, 11(11), p.2481.

Ahmad, T. (2020). Pandemia do vírus Corona (COVID-19) e trabalho a partir de casa: Desafios dos Cibercrimes e da Cibersegurança. DOI: https://doi.org/10.2139/ssrn.3568830

Airehrour, D., Vasudevan Nair, N. e Madanian, S., 2018. Ataques de engenharia social e contramedidas no sistema bancário da Nova Zelândia: Avanço de um modelo de mitigação reflexivo do utilizador. Informação, 9(5), p.110.

Albesher, A.S., 2023. Revisão da usabilidade dos procedimentos de autenticação da Web: Comparing the Current Procedures of 20 Websites. Sustentabilidade, 15(14), p.11043.

Aleem, M., Sufyan, M., Ameer, I. e Mustak, M., 2022. Trabalho remoto e a pandemia de COVID-19: Uma modelação de tópicos baseada em inteligência artificial e uma agenda futura. Journal of Business Research, p.113303.

Alghamdi, M.I. (2021). Determinar o impacto da consciência da segurança cibernética no comportamento dos funcionários: Um caso da Arábia Saudita. Mater. Today Proc.

Alhayani, B., Abbas, S.T., Khutar, D.Z. e Mohammed, H.J., 2021. Melhores maneiras de computar inteligência para enfrentar ataques cibernéticos. Materiais hoje: Proceedings.

Aloisi, A. e De Stefano, V., 2022. Empregos essenciais, trabalho remoto e vigilância digital: Addressing the COVID-19 pandemic panopticon. International Labour Review, 161(2), pp.289-314.

Alshaikh, M. (2020). Desenvolver uma cultura de cibersegurança para influenciar o comportamento dos trabalhadores: Uma perspetiva prática. Computadores e Segurança 18(3)

Althobaiti, M., 2016. Assessing usable security of multifactor authentication (Dissertação de doutoramento, Universidade de East Anglia).

Andrews, N., 2018. " Can I Get Your Digits?": Aquisição ilegal de números de telefone sem fios para ataques Sim-Swap e responsabilidade dos fornecedores de serviços sem fios. Nw. J. Tech. & Intell. Prop., 16, p.79.

Grupo de Trabalho Anti-Phishing. (2021). Relatório sobre as tendências globais da atividade de phishing. Recuperado de https://docs.apwg.org/reports/apwg_trends_report_q3_2022.pdf

Atstaja, L., Rutitis, D., Deruma, S., e Aksjonenko, E. (2021). Riscos e desafios de cibersegurança no trabalho remoto durante a pandemia de Covid-19. 1st Edition. Editora Europeia.

Back, S., e Guerette, R.T. (2021). Gestão de locais cibernéticos e prevenção de crimes: A eficácia do treinamento de conscientização sobre segurança cibernética contra ataques de phishing. Jornal de Justiça Criminal Contemporânea, 37: 427-451.

Bellotti, L., Zaniboni, S., Balducci, C. e Grote, G., 2021. Revisão rápida sobre COVID-19, aspectos relacionados ao trabalho e diferenças de idade. Revista Internacional de Investigação Ambiental e Saúde Pública, 18(10), p.5166.

Błaszczyk, M., Popović, M., Zajdel, K. e Zajdel, R., 2023. Implicações da pandemia COVID-

19 na organização do trabalho remoto em empresas de TI: A Perspetiva dos Gestores. Sustentabilidade, 15(15), p.12049.

Borkovich, D.J. e Skovira, R.J., 2020. Trabalhar em casa: Cibersegurança na era da COVID-19. Questões em Sistemas de Informação, 21(4).

Bošnjak, L. e Brumen, B., 2019. Rejeitar a morte das palavras-passe: Conselhos para o futuro. Ciência da Computação e Sistemas de Informação, 16(1), pp.313-332.

Bou, H. (2019). Política e estrutura nacional de conscientização sobre governança cibernética. Revista Internacional de Informação Legislativa, 47: 70-89

Caldwell, T., 2016. Making security awareness training work. Computer Fraud & Security, 2016(6), pp.8-14.

Cerdeira, D., Santos, N., Fonseca, P. e Pinto, S. (2020). Compreender as vulnerabilidades de segurança prevalecentes em sistemas de tee assistidos por zonas de confiança. Em 2020 Simpósio IEEE sobre Segurança e Privacidade (SP) (pp. 1416-1432). IEEE.

Centro de Coordenação CERT. (2021). Nota de Vulnerabilidade de Software. https://www.kb.cert.org/ Chege, K.A, e Otieno, O.C. (2020). Desenho e metodologias de filosofia de investigação: A

Revisão Sistemática dos Paradigmas de Pesquisa em Tecnologia da Informação. Global Scientific Journals, 8(5).

Cichonski, P., Millar, T., Grance, T. e Scarfone, K., 2012. Guia de tratamento de incidentes de segurança informática. Publicação especial do NIST, 800(61), pp.1-147.

Cisco Secure (2021). Relatório sobre o futuro do trabalho remoto seguro. Disponível em: https://www.secureitstore.com/datasheets/future-of-secure-remote-work-report.pdf. (Acedido em 01 de julho de 2023).

Corallo, A., Lazoi, M., Lezzi, M., e Luperto, A. (2022). Consciência da cibersegurança no contexto da Internet Industrial das Coisas: Uma revisão sistemática da literatura. Computadores e Indústrias, 137: 103614.

Crossland, G., Ertan, A., e Michaelides, N. (2021). Revisão da literatura sobre trabalho remoto e cibersegurança. Disponível em: https://www.researchgate.net/publication/349396561_Remote_Working_and_Cyber_ Security_Literature_Review. (Acedido em 01 de julho de 2023).

Curran, K. (2020). Cibersegurança e a força de trabalho remota. Computer Fraud & Security, 6: 11-12

Instituto de Investigação em Cibersegurança. (2019). Trabalho remoto e cibersegurança: A Comprehensive Analysis. https://csri.nict.go.jp/en/

Dash, B., e Ansari, M.F. (2022). Um modelo eficaz de treinamento de conscientização sobre segurança cibernética: Primeira Defesa de uma Estratégia de Segurança Organizacional. Revista Internacional de Pesquisa em Tecnologia de Engenharia, Vol 9.

David P. e Kerryn, W. (2021). Saunders' Research Onion: Explained Simply Peeling the onion, layer by layer (with examples). Disponível em: https://gradcoach.com/saunders-research-onion/. (Acedido em 01 de julho de 2023)

de Laat, K., 2023. Trabalho remoto e pós-burocracia: consequências não intencionais da conceção do trabalho para a desigualdade de género. ILR Review, 76(1), pp.135-159.

Dinev, T. e Hart, P., 2006. Um modelo alargado de cálculo da privacidade para transacções de comércio eletrónico. Investigação em sistemas de informação, 17(1), pp.61-80.

Emenike, S.U. (2021). Prevenção de perda de dados num ambiente de trabalho remoto. Projeto de Mestrado em Informática com especialização em Privacidade, Informação e Cibersegurança. Universidade de Skovde. Disponível em: https://www.diva-portal.org/smash/get/diva2:1578629/FULLTEXT01.pdf. (Acedido em 01 de julho de 2023).

Faraj, S., Renno, W., e Bhardwaj, A. (2021). Unto the breach: O que a pandemia de COVID-19 expõe sobre a digitalização. Informação e Organização 31(1): 100337.

Furnell, S., e Shah, J.N. (2020). Trabalho em casa e cibersegurança: An outbreak of unpreparedness? Computer Fraud & Security, 8: 6-12.

Georgiadou, A., Mouzakitis, S. e Askounis, D. (2022). Trabalhar em casa durante a crise da COVID-19: um inquérito de avaliação da cultura de segurança cibernética. Security Journal 35: 486-505. DOI: https://doi.org/10.1057/s41284-021-00286-2

Aliança Cibernética Mundial. (2020). Kit de ferramentas de cibersegurança para trabalho remoto. Obtido em https://www.globalcyberalliance.org/gca-cybersecurity-toolkit-for-individuals/

Grimm, J. (2021). Protegendo a força de trabalho remota no novo normal. Computer Fraud & Security, vol. 2021 (2), pp. 8-11, 2021. [Online]. Disponível em: https://www.sciencedirect.com/science/article/pii/S136137232100018X. (Acedido em 01 de julho de 2023).

Habib, H., Naeini, P.E., Devlin, S., Oates, M., Swoopes, C., Bauer, L., Christin, N. e Cranor, L.F., 2018. Comportamentos e atitudes do usuário sob políticas de expiração de senha. No Décimo Quarto Simpósio sobre Privacidade e Segurança Utilizáveis (SOUPS 2018) (pp. 13-30).

Hagger, M. S. (2019). A abordagem de ação fundamentada e as teorias de ação fundamentada e comportamento planejado. Em D. S. Dunn (Ed.), Bibliografias Oxford em Psicologia. Nova Iorque, NY: Oxford University Press. DOI: 10.1093/OBO/9780199828340-0240

Haney, J. e Lutters, W., 2020. Formação em sensibilização para a segurança para a força de trabalho: ir além da conformidade "check-the-box". Computer, 53(10).

Hasanzadeh, S., Esmaeili, B. e Dodd, M.D., 2018. Examinar a relação entre a atenção visual dos trabalhadores da construção e a consciência da situação em condições de risco de queda e tropeço: Using mobile eye tracking. Jornal de engenharia e gestão da construção, 144(7).

Hicks, M. (2019). Porque é que a urgência da transformação digital está a prejudicar o local de trabalho digital. Strategic HR Review 18(1): 34-35

Hijji, M., e Alam, G. (2022). Quadro de sensibilização e formação em cibersegurança (CAT) para funcionários que trabalham à distância. Sensors, 22(22):8663. DOI: https://doi.org/10.3390/s22228663

Hill, D.A., Mantzoros, T., e Taylor, J.C (2020). Compreender as Operações Motivadoras e o Impacto na Função do Comportamento. Jornal de Intervenção na Escola e na Clínica, 2020:105345122091490.

Hou, H.C., Remoy, H., Jylha, T., e Putte, H.V. (2021). Um estudo sobre a modificação do local de trabalho do escritório durante a pandemia COVID-19 nos Países Baixos. Journal of Corporate Real Estate, 23(3), 186-202. DOI: https://doi.org/10.1108/JCRE-10-2020- 0051

Jain, A.K., Nandakumar, K. e Ross, A., 2016. 50 anos de investigação biométrica: Accomplishments, challenges, and opportunities (Realizações, desafios e oportunidades).

Pattern recognition letters, 79, pp.80-105.

Jenab, K. e Moslehpour, S., 2016. Gestão da cibersegurança: A Review. Dinâmica de Gestão Empresarial, 5(11).

Jover,R.P.,2020.Análise de segurança do sms como segundo fator de autenticação. Comunicações da ACM, 63(12), pp.46-52.

Kaduk, A., Genadek, K., Kelly, E.L. e Moen, P., 2019. Trabalho flexível involuntário vs. trabalho flexível voluntário: ideias para académicos e partes interessadas. Comunidade, Trabalho e Família, 22(4), pp.412-442.

Karaymeh, A., Ababneh, M., Qasaimeh, M. e Al-Fayoumi, M., 2019, outubro. Melhoria da proteção de dados fornecida por ligações VPN em redes WiFi abertas. Em 2019, 2ª Conferência Internacional sobre Novas Tendências em Ciências da Computação (ICTCS) (pp. 1-6). IEEE.

Katz, M. (2021). Proteger a conetividade para forças de trabalho remotas. Network Security, 4: 18-19. Kayes, A.S.M., Kalaria, R., Sarker, I.H., Islam, M.S., Watters, P.A., Ng, A., Hammoudeh,

M., Badsha, S. e Kumara, I., 2020. Um levantamento dos mecanismos de controlo de acesso sensíveis ao contexto para redes de nuvem e de nevoeiro: Taxonomia e questões de investigação em aberto. Sensores, 20(9), p.2464.

Kenaphoom, S. (2021). Introdução à filosofia da investigação. Revista de ciências antropológicas e arqueológicas, Vol 5(4)

Kertysova, K., Frinking, E., Dool, K.V.D., Maričić, A. e Bhattacharyya, K., 2018. Cibersegurança: Garantir a sensibilização e a resiliência do setor privado em toda a Europa face aos crescentes riscos cibernéticos. Estudo do Centro de Estudos Estratégicos da Haia para o Comité Económico e Social Europeu (CESE).

Kertysova, K., Frinking, E., van den Dool, K., Maričić, A. e Bhattacharyya, K., 2018. Cibersegurança: Garantir a sensibilização e a resiliência do setor privado em toda a Europa face ao aumento dos riscos cibernéticos - Estudo. Comité Económico e Social Europeu: Bruxelles, Bélgica.

Khader, M., Karam, M., e Fares, H. (2021). Estrutura de conscientização sobre segurança cibernética para a academia. Informação, 12: 417.

Khan, N. A., Brohi, S. N., e Zaman, N. (2020). Dez ameaças mortais de segurança cibernética em meio à pandemia de COVID-19. IEEE, publicações do portal de investigação, Berlim.

Khando, K., Gao, S., Islam, S.M. e Salman, A., 2021. Reforçar a sensibilização dos trabalhadores para a segurança da informação em organizações privadas e públicas: Uma revisão sistemática da literatura. Computers & security, 106, p.102267.

Khando, K., Gao, S., Islam, S.M. e Salman, A., 2021. Reforçar a sensibilização dos trabalhadores para a segurança da informação em organizações privadas e públicas: Uma revisão sistemática da literatura. Computers & security, 106, p.102267.

Khando, K., Gao, S., Islam, S.M., e Salman, A. (2021). Aumentando a conscientização dos funcionários sobre segurança da informação em organizações públicas e privadas: Uma revisão sistemática da literatura. Computadores e Segurança, 106:102267

Knight, R., e Nurse, J.R. (2020). Uma estrutura para uma comunicação corporativa eficaz após incidentes de segurança cibernética. Computer Security, 99: 102036.

Lallie, H. S., Shepherd, L. A., Nurse, J. R. C., Erola, A., Epiphaniou, G., Maple, C., e Bellekens, X. (2021). Cibersegurança na era da COVID-19: Uma cronologia e análise do cibercrime e dos ciberataques durante a pandemia. Computadores e Segurança, 105: 102248. DOI: https://doi.org/10.1016/j.cose.2021.102248

Li, Y. e Liu, Q., 2021. Um estudo de revisão abrangente dos ciberataques e da cibersegurança; tendências emergentes e desenvolvimentos recentes. Energy Reports, 7, pp.8176-8186.

Mahyoub, M., Matrawy, A., Isleem, K., e Ibitoye, o. (2023). Análise do desafio de cibersegurança do Work-from-Anywhere (WFA) e recomendações baseadas num estudo de utilizadores. Escola de Tecnologia da Informação, Universidade de Carleton.

Malecki, F. (2020). Ultrapassar os riscos de segurança do trabalho à distância. Fraude e segurança informática 14(5)

Malecki, F., 2020. Ultrapassar os riscos de segurança do trabalho à distância. Fraude e segurança informática, 2020(7), pp.10-12.

Malinen, L.M., 2021. O elemento humano na segurança informática.

Malwarebytes. (2021). Relatório sobre o estado do malware. Recuperado de https://go.malwarebytes.com/SOMReport_01.LP.html

Mandal, S., e Khan, D.A. (2020). Um estudo das ameaças à segurança na nuvem: Impacto passivo da pandemia de COVID-19. IEEE Explore.

Mannebäck, E., e Padyab, A. (2021). Desafios da gestão da segurança da informação durante a pandemia. Challenges, 12: 30. DOI: 10.3390/challe12020030

Marikyan, D., e Papagiannidis, S. (2023). Teoria da Motivação para a Proteção: Uma revisão. Em S. Papagiannidis (Ed), TheoryHub Book. ISBN: 9781739604400. Disponível em http://open.ncl.ac.uk/. (Acedido em 01 de julho de 2023).

Mauthner, N.S. (2020). Filosofias de investigação e porque são importantes. No livro: Como manter o seu doutoramento no bom caminho (pp.76-86). DOI:10.4337/9781788975636.00018

Mishra, S.B. e Alok, S. (2022). Handbook of research methodology.

Mohajan, H.K. (2018). Metodologia de investigação qualitativa em ciências sociais e disciplinas afins. Revista de desenvolvimento económico, ambiente e pessoas, 7(1), pp.23-48.

Morrison-Smith, S. e Ruiz, J., 2020. Desafios e barreiras em equipas virtuais: uma revisão da literatura. SN Ciências Aplicadas, 2, pp.1-33.

Mustajab, D., Bauw, A., Rasyid, A., Irawan, A., Akbar, M. A., e Hamid, M. A. (2020). Fenômeno de trabalhar em casa como um esforço para prevenir ataques COVID-19 e seus impactos na produtividade do trabalho. The International Journal of Applied Business, 4(1): 13-21.

Instituto Nacional de Normas e Tecnologia. (2021). Diretrizes para a identidade digital: Autenticação e gestão do ciclo de vida. Obtido em https://nvlpubs.nist.gov/nistpubs/specialpublications/nist.sp.800-63b.pdf

Ncubukezi, T., e Mwansa, L. (2021). Melhores práticas utilizadas pelas empresas para manter uma boa higiene cibernética durante a pandemia de Covid19. Jornal de Tecnologia da Internet e Transacções Seguras 9(1); 714-721.

Ng, P.M., Lit, K.K. e Cheung, C.T., 2022. O trabalho remoto como um novo normal? O contexto tecnologia-organização-ambiente (TOE). Tecnologia na Sociedade, 70, p.102022.

Nisson, C., e Earl, A. (2020). As teorias da ação racional e do comportamento planeado. A Enciclopédia Wiley de Psicologia da Saúde. DOI: https://doi.org/10.1002/9781119057840.ch129

Nwankpa, J.K., e Datta, P.M. (2023). Vigilância remota: The roles of cyber awareness and cybersecurity policies among remote workers. Computers & Security, 130: 103266.

Okereafor, K., e Adebola, O. (2020). Enfrentar os impactos da segurança cibernética do surto
de coronavírus é um desafio para a segurança na Internet. Jornal Internacional de Investigação
em Gestão Homepage 8(2)

Organização para a Cooperação e Desenvolvimento Económico, 2012. Elaboração de
políticas de cibersegurança num ponto de viragem: Analysing a New Generation of National
Cybersecurity Strategies for the Internet Economy [Análise de uma nova geração de
estratégias nacionais de cibersegurança para a economia da Internet]. Publicação da OCDE.

Perwej, Y., Abbas, S.Q., Dixit, J.P., Akhtar, N. e Jaiswal, A.K., 2021. Uma revisão
sistemática da literatura sobre a cibersegurança. Revista Internacional de Investigação
Científica e Gestão, 9(12), pp.669-710.

Petsas, T., Tsirantonakis, G., Athanasopoulos, E. e Ioannidis, S., 2015, abril. Autenticação de
dois factores: o mundo está preparado? Quantificar a adoção da 2FA. In Proceedings of the
eighth european workshop on system security (pp. 1-7).

Instituto Ponemon. (2020). Relatório sobre o custo de uma violação de dados. Recuperado de
https://www.ponemon.org/

Posselt, J.R., 2013. O Paradoxo do Mérito-Diversidade nas Admissões de Doutoramento:
Examining Situated Judgment in Faculty Decision Making (Dissertação de doutoramento).

Pranggono, B., e Arabo, A. (2020). Questões de cibersegurança da pandemia de COVID-19.
Cartas de Tecnologia da Internet

Priestman, W., Anstis, T., Sebire, I.G., Sridharan, S., e Sebire, N.J. (2019). Phishing em
organizações de saúde: ameaças, mitigação e abordagens. BMJ Health & Care Informatics
26(1); e100031.

Priestman, W., Anstis, T., Sebire, I.G., Sridharan, S., e Sebire, N.J. (2019). Phishing em
organizações de saúde: ameaças, mitigação e abordagens. BMJ Health & Care Informatics
26(1); e100031.

Qi, L., Gao, T., e Liang, X. (2020). A aplicação da teoria do comportamento na reforma
instrucional da sala de aula. Avanços na Pesquisa em Ciências Sociais, Educação e
Humanidades, volume 517. Atlantis Press

Rah, A., 2023. Device Management in the Security of "Bring Your Own Device" (BYOD) for
the Post-pandemic, Remote Workplace (Dissertação de doutoramento, Universidade de
Fairfax).

Ray, J.R., 2014. Programas de formação para aumentar a sensibilização para a cibersegurança
e a conformidade em organizações sem fins lucrativos.

Sabillon, R., Serra-Ruiz, J., e Cavaller, V. (2019). Um modelo eficaz de formação em
cibersegurança para apoiar um programa de sensibilização organizacional: O Modelo de
Formação em Sensibilização para a Cibersegurança (CATRAM). Um estudo de caso no
Canadá. Revista de Casos em Tecnologia da Informação, 21: 26-39.

Saunders, M., Lewis, P., & Thornhill, A. (2019). Métodos de investigação para estudantes de
gestão.
Pearson Education Limited.

Saura, J.R., Ribeiro-Soriano, D., Zegarra-Saldaña, P. (2022). Explorando os desafios do
trabalho remoto nos sentimentos dos usuários do Twitter: Do desenvolvimento da tecnologia
digital a uma era pós-pandémica. Journal of Business Research, 142: 242-254

Schechter, S., Brush, A.B. e Egelman, S., 2009, maio. It's no secret. measuring the security
and reliability of authentication via "secret" questions (Não é segredo. Medindo a segurança e

a fiabilidade da autenticação através de perguntas "secretas"). In 2009 30th IEEE symposium on security and privacy (pp. 375-390). IEEE.

Shahid S. e Khan M. (2023). Evaluating the Role of Data Integrity as a Code in Regulatory Compliance for Clinical Trials [Avaliação do papel da integridade dos dados como um código na conformidade regulamentar para ensaios clínicos].

Škiljić, A. (2020). Cibersegurança e trabalho remoto: A (não) resposta da Croácia ao aumento das ciberameaças. Internacional. Revisão da lei de segurança cibernética, 1: 51-61. DOI: https://doi.org/10.1365/s43439-020-00014-3

Snyder, H. (2019). Revisão da literatura como metodologia de investigação: Uma visão geral e diretrizes.

Journal of Business Research, 104: 333-339

Sombatruang, N., Kadobayashi, Y., Sasse, M.A., Baddeley, M. e Miyamoto, D., 2018, agosto. Os riscos contínuos do Wi-Fi público não seguro e a razão pela qual os utilizadores continuam a utilizá-lo: Evidências do Japão. Em 2018, 16.ª conferência anual sobre privacidade, segurança e confiança (PST) (pp. 1-11). IEEE.

Syed, A.J. (2022). The Increase in Security Breaches Through Remote Working [O aumento das violações de segurança através do trabalho à distância]. Diversity & Equality in Health and Care, 19(7):35.

Tariq, U., Ahmed, I., Bashir, A.K. e Shaukat, K., 2023. A Critical Cybersecurity Analysis and Future Research Diretions for the Internet of Things: A Comprehensive Review. Sensors, 23(8), p.4117.

Trim, P., e Lee, Y.I. (2021). O modelo global de cibersegurança: Combatendo ataques cibernéticos por meio de um acordo de parceria resiliente. Big Data Cognitive Computation, 5: 32.

Verizon. (2023). Relatório de Investigações de Violação de Dados. Obtido em https://www.verizon.com/business/resources/reports/dbir/

Wu, D. (2020). Um estudo empírico da retenção de conhecimentos no ciberespaço: Integração da teoria da motivação para a proteção e da teoria do comportamento racional. Computadores no Comportamento Humano, 105: 106229.

Xu, D. e Zheng, W., 2022. Aplicação da tecnologia de encriptação de dados na partilha de segurança da informação em rede. Redes de Segurança e Comunicação, 2022.

Yusif, S., e Hafeez-Baig, A. (2021). Um modelo concetual para a governação da cibersegurança.

Journal of Applied Security Research, 16: 490-513.

Zeng, E. e Roesner, F., 2019. Compreender e melhorar a segurança e a privacidade em {Casas inteligentes para vários utilizadores: Uma exploração do design e um estudo do utilizador {em casa}. User Study. No 28º Simpósio de Segurança da USENIX (USENIX Security 19) (pp. 159-176).

Zou, Y., Zhu, J., Wang, X. e Hanzo, L., 2016. Um inquérito sobre segurança sem fios: Desafios técnicos, avanços recentes e tendências futuras. Actas do IEEE, 104(9), pp.1727-1765.

APÊNDICES

APÊNDICE 1: QUESTIONÁRIO

QUESTIONÁRIO SOBRE O NÍVEL DE SENSIBILIZAÇÃO DOS TRABALHADORES À DISTÂNCIA PARA AS VIOLAÇÕES DA SEGURANÇA

Caro(a) senhor(a)

O questionário em anexo destina-se a obter informações sobre o tema da investigação **NÍVEL DE CONSCIÊNCIA DAS VIOLAÇÕES DE SEGURANÇA PARA OS TRABALHADORES À DISTÂNCIA**

O objetivo é permitir que o estudante atinja os objectivos específicos da investigação e qualquer informação fornecida será utilizada exclusivamente para efeitos do trabalho de investigação.

Obrigado pela vossa colaboração antecipada.

Secção A: Informações sobre os antecedentes do inquirido

Assinale (√) conforme adequado

1. Qual é o seu género? (a) Masculino [](b) Feminino [](c) Prefere não dizer [ ]
2. Qual é a sua idade? (a) 18-24 [ ](b) 30-36 [ ](c) 36-42 [ ](d) 48-54 [ ](e)
(f) 54-60 [ ](g) 60 e mais [ ]
3. Nível de ensino mais elevado (a) Diploma [] (b) B.Tech / B.Sc [ ] (c) MSc. / M.Tech [
] (d) PHD [ ] (e) Outros, Especificar
4. Anos de experiência como trabalhador à distância? (a) 6 meses a 1 ano [ ] (b) 1-2 anos [ ]
(c) 2-3 anos [ ] (d) 3-4 anos (e) 4-5 anos (f) 6 anos e mais
5. Qual é o seu nível atual na sua organização? a Executivo sénior b. Gestor de nível intermédio c. Gestor de linha d. Recursos humanos e. Pessoal júnior f. Estagiário
6. Trabalha a partir de casa ou de outros locais remotos Casa []Outro local remoto [] Não trabalha remotamente [ ]
7. Qual é a natureza do seu cargo atual? A tempo inteiro] A tempo parcial [ ]Contrato [
] Pessoal

Secção B: Avaliação das práticas existentes em matéria de preservação da confidencialidade, integridade e disponibilidade (CIA) dos dados

É utilizada uma escala de Likert para avaliar o nível de sensibilização para as violações de segurança dos trabalhadores à distância em Lagos, na Nigéria

Escala de classificação	Concordo totalmente	Concordo	Indecisos	Não concordo	Discordo totalmente
	5	4	3	2	1
S/N Avaliação das práticas actuais de preservação da confidencialidade, integridade e disponibilidade (CIA) dos dados	Concordo totalmente	De acordo	Indecisos	Não concordo	Discordo totalmente
1. A sua organização forneceu formação e diretrizes suficientes aos trabalhadores remotos para manter a confidencialidade dos dados sensíveis durante o trabalho remoto					
2. Os trabalhadores remotos da sua organização aderem aos protocolos de segurança e às melhores práticas para garantir a integridade dos dados enquanto trabalham remotamente.					
3. Os trabalhadores remotos compreendem os potenciais riscos de segurança associados às suas funções e responsabilidades específicas					
4. Os trabalhadores remotos da sua organização cumprem a utilização de canais de comunicação encriptados e ligações de rede seguras para proteger a confidencialidade dos dados durante o trabalho remoto					
5. As políticas e práticas de segurança da sua organização abordam eficazmente os desafios únicos enfrentados pelos trabalhadores remotos na preservação da confidencialidade, integridade e disponibilidade dos dados					
6. Sente-se confiante para identificar e comunicar actividades suspeitas ou violações de segurança encontradas durante o trabalho remoto,					

Secção C: Análise das principais lacunas nas violações de segurança

7. Numa escala de 1 a 5, sendo 1 "muito seguro" e 5 "muito inseguro", como classificaria a sua confiança nas medidas de segurança que tem em vigor quando trabalha remotamente?

Muito seguro	Seguro	Moderadament e seguro	Inseguro	Muito inseguro

8. Quais das seguintes práticas de segurança implementa regularmente quando trabalha remotamente? (Selecione todas as que se aplicam) Utilização de uma rede privada virtual (VPN) [ ] b. Encriptação de dados e ficheiros sensíveis [ ] c. Autenticação de dois factores para início de sessão [ ] d. Atualização regular de software e aplicações [ ] e. Outros Especificar

9. Com que frequência recebe formação ou orientação sobre as melhores práticas de segurança no trabalho à distância por parte do seu empregador? a. Diariamente [ ] b. Semanalmente [ ] c. Mensalmente [ ] d. Raramente [ ] e. Nunca [ ]

10. Alguma vez sofreu uma violação de segurança ou um incidente cibernético enquanto trabalhava remotamente? Sim [ ]Não [ ]

Se respondeu "Sim" à pergunta anterior, que tipo de violação da segurança foi encontrada? (Selecione a opção mais aplicável)

a. Ataque de phishing [ ] b. Ataque de ransomware [ ] c. Acesso não autorizado ao seu dispositivo [ ]

d. Fuga ou exposição de dados [ ] e. Infeção por malware [ ] f. Outros (especificar) ....

Secção D: Solução para colmatar as principais lacunas

11. Numa escala de 1 a 5, com que frequência actualiza as suas palavras-passe para contas e aplicações relacionadas com o trabalho? (1 = Nunca, 2 = Raramente, 3 = Ocasionalmente, 4 = Frequentemente, 5 = Sempre)

12. Utiliza a mesma palavra-passe para várias contas ou aplicações relacionadas com o trabalho? Sim [ ]   Não [ ]

13. Com que frequência participa em acções de formação de sensibilização para a segurança ministradas pela empresa?

Nunca [ ] Uma vez por ano [ ] Duas vezes por ano [ ] Trimestralmente [ ] Mensalmente [ ]

14. Qual dos seguintes métodos de autenticação multifactor (MFA) utiliza regularmente para iniciar sessão no trabalho? (Selecione todos os que se aplicam)

(a) Códigos SMS ou de correio eletrónico [ ]

(b) Aplicação de autenticação (por exemplo, Google Authenticator) [ ]

(c) Chave de segurança física (por exemplo, YubiKey) [ ]

(d) Autenticação biométrica (por exemplo, impressão digital, reconhecimento facial) [ ]

(e) Não utilizo a autenticação multi-fator [ ]

15. Como é que normalmente protege os dados de trabalho sensíveis quando trabalha a partir de uma rede Wi-Fi pública ou não segura?

(a) Evito utilizar o Wi-Fi público para tarefas relacionadas com o trabalho [ ]

(b) Utilizo uma Rede Privada Virtual (VPN) fornecida pela empresa [ ]

(c) Utilizo um serviço VPN pessoal [ ]
(d) Não tomo precauções adicionais [ ]
(e) Outros (especificar):

Obrigado pela vossa resposta!

APÊNDICE 2: REGISTO DAS REUNIÕES DE SUPERVISÃO

Registo da reunião de supervisão

Nome do aluno: Afeez Olalekan Alabi	Programa: Mestrado. Cibersegurança Técnico com AP.
Supervisor: Rose Fong	

O número mínimo de contactos formais entre os estudantes e o(s) orientador(es) será normalmente de 6 horas. No entanto, este contacto pode ser mantido em parte por videoconferência ou correio eletrónico, se necessário. As reuniões formais de contacto de supervisão e os seus resultados devem ser registados utilizando o modelo abaixo (copiar a tabela abaixo para cada reunião) e anexados no apêndice do seu relatório de dissertação.

Data e hora de início/fim da reunião:	07/06/2023 10:30 - 12:30
Número da reunião: 2	
Meio da reunião: Em linha	Online | Pessoalmente | Email
Breve resumo da discussão (200 palavras no máximo): A minha supervisora informou-nos sobre as implicações de todo o projeto. Deu-nos conselhos passo a passo sobre como concretizar o objetivo e os objectivos dos nossos projectos. Também nos informou sobre a gestão do tempo e como trabalhar dentro do prazo que temos. Chamou-nos um a um para apresentar os nossos temas e dar-nos uma ideia sobre eles. Foi-nos dada a última hora para ruminarmos sobre o nosso tema e apresentarmos o Capítulo 1-3, apenas se ainda quisermos avançar com a proposta LD 7091.	
Acções acordadas: Começar a redigir o Capítulo 1 esta semana.	
Assinatura do estudante :......Afeez Olalekan Alabi.... Assinatura do supervisor: ......Rose Fong...................	

Registo da reunião de supervisão

Nome do aluno: Afeez Olalekan Alabi	Programa: Mestrado em Tecnologia de Cibersegurança com Formação Avançada Prática
Supervisor: Rose Fong	

O número mínimo de contactos formais entre os estudantes e o(s) orientador(es) será normalmente de 6 horas. No entanto, este contacto pode ser mantido em parte por videoconferência ou correio eletrónico, se necessário. As reuniões formais de contacto de supervisão e os seus resultados devem ser registados utilizando o modelo abaixo (copiar a tabela abaixo para cada reunião) e anexados no apêndice do seu relatório de dissertação.

Data e hora de início/fim da reunião:	14/06/2023 10:30 - 12:30
Número da reunião: 3	
Meio da reunião:	Online | Pessoalmente | Email
Breve resumo do debate (200 palavras no máximo): Foi-nos pedido que gastássemos cerca de 40 minutos para concluir o nosso objetivo e os objectivos do nosso projeto. Quando voltámos do intervalo, o supervisor discutiu com cada um de nós e ajudou-nos a finalizar o objetivo e os objectivos dos nossos projectos.	
Acções acordadas: Finalizar o primeiro capítulo.	
Assinatura do estudante: Afeez Olalekan Alabi.........Assinatura do supervisor: Rose Fong..	

Registo da reunião de supervisão

Nome do aluno: Afeez Olalekan Alabi	Programa: Mestrado. Cibersegurança Técnico com AP.
Supervisor: Rose Fong	

O número mínimo de contactos formais entre os estudantes e o(s) orientador(es) será normalmente de 6 horas. No entanto, este contacto pode ser mantido em parte por videoconferência ou correio eletrónico, se necessário. As reuniões formais de contacto de supervisão e os seus resultados devem ser registados utilizando o modelo abaixo (copiar a tabela abaixo para cada reunião) e anexados no apêndice do seu relatório de dissertação.

Data e hora de início/fim da reunião:	21/06/2023 10:30 - 12:30
Número da reunião: 4	
Meio da reunião: Em linha	Online | Pessoalmente | Email
Breve resumo da discussão (200 palavras no máximo): O supervisor conduziu-nos ao Capítulo 2, que é essencialmente a revisão da literatura (RL). Discutimos as estruturas da RL, o número necessário de palavras e o formato a adotar. O supervisor deu-nos algum tempo para analisarmos o nosso tópico e encontrarmos livros, revistas e artigos relacionados para formarmos a nossa RL.	
Acções acordadas: Iniciar o segundo capítulo, que consiste essencialmente na revisão da literatura.	
Assinatura do estudante :......Afeez Olalekan Alabi. Assinatura do supervisor:Rose Fong..................	

Registo da reunião de supervisão

<table>
<tr><td>Nome do aluno: Afeez Olalekan Alabi</td><td>Programa: Mestrado. Tecnologia de Cibersegurança com Formação Avançada Prática.</td></tr>
<tr><td colspan="2">Supervisor: Rose Fong</td></tr>
</table>

O número mínimo de contactos formais entre os estudantes e o(s) orientador(es) será normalmente de 6 horas. No entanto, este contacto pode ser mantido em parte por videoconferência ou correio eletrónico, se necessário. As reuniões formais de contacto de supervisão e os seus resultados devem ser registados utilizando o modelo abaixo (copiar a tabela abaixo para cada reunião) e anexados no apêndice do seu relatório de dissertação.

<table>
<tr><td>Data e hora de início/fim da reunião:</td><td>28/06/2023 11:30 - 13:30</td></tr>
<tr><td>Número da reunião: 5</td><td></td></tr>
<tr><td>Meio da reunião:</td><td>Online | Pessoalmente | Email</td></tr>
<tr><td colspan="2">Breve resumo da discussão (200 palavras no máximo):
A aula começou por volta das 11h30 e a discussão centrou-se principalmente na Metodologia de Investigação.
O meu supervisor falou extensivamente sobre a forma de abordar a metodologia de investigação. Os aspectos a ter em conta, os formulários a preencher, etc.
Também nos deu uma atividade de grupo para realizar, que consistia em criar uma apresentação de três diapositivos com os seguintes títulos no PowerPoint.
Título/Tópico proposto
objectivos/questões da investigação
um diagrama da sua metodologia de investigação. A aula terminou às 13:30.</td></tr>
<tr><td colspan="2">Acções acordadas: Dar início ao Capítulo 3.</td></tr>
<tr><td colspan="2">Assinatura do estudante :......Afeez Olalekan Alabi...... Assinatura do supervisor:Rose Fong.....................</td></tr>
</table>

Registo da reunião de supervisão

<table>
<tr><td>Nome do aluno: Afeez Olalekan Alabi</td><td>Programa: Mestrado. Cibersegurança Tecnologia com Prática Avançada</td></tr>
<tr><td colspan="2">Supervisor: Rose Fong</td></tr>
</table>

O número mínimo de contactos formais entre os estudantes e o(s) orientador(es) será normalmente de 6 horas. No entanto, este contacto pode ser mantido em parte por videoconferência ou correio eletrónico, se necessário. As reuniões formais de contacto de supervisão e os seus resultados devem ser registados utilizando o modelo abaixo (copiar a tabela abaixo para cada reunião) e anexados no apêndice do seu relatório de dissertação.

Data e hora de início/fim da reunião:	05/07/2023 10:30 - 12:30
Número da reunião: 6	
Média da reunião:	Online | Pessoalmente | Email
Breve resumo da discussão (200 palavras no máximo): A aula começou às 10h31 e debatemos o seguinte. A reunião de supervisão individual foi fixada e acordada por todos os alunos do grupo. Discutimos o relatório intercalar e concluímos que deverá estar pronto para apresentação intercalar na próxima semana. Também discutimos e trabalhámos no formulário de ética que foi preenchido e apresentado pela maioria de nós. A supervisora verificou-o connosco, fez as correcções necessárias e pediu-nos que o emendássemos e assinássemos para o submeter corretamente. Ela explicou-nos como fazer para enviar os formulários. Uma vez que o meu trabalho de projeto inclui a utilização de um questionário, o meu supervisor informou-me da necessidade de preencher e incluir também os formulários de participante/consentimento. Fomos aconselhados a manter os nossos livros de registo e foi-nos dado algum tempo para trabalhar no formulário de ética, bem como no relatório do projeto. A aula terminou por volta das 12h30.	
Acções acordadas: Preencher e submeter o formulário de ética, bem como completar o relatório intercalar (capítulos 1 a 3) e submetê-lo.	
Assinatura do estudante: ...Alabi A.O............ Assinatura do supervisor: Rose Fong.....................	

Registo da reunião de supervisão

Nome do aluno: Afeez Olalekan Alabi	Programa: Mestrado em Tecnologia de Cibersegurança com Formação Avançada Prática
Supervisor: Rose Fong	

O número mínimo de contactos formais entre os estudantes e o(s) orientador(es) será normalmente de 6 horas. No entanto, este contacto pode ser mantido em parte por videoconferência ou correio eletrónico, se necessário. As reuniões formais de contacto de supervisão e os seus resultados devem ser registados utilizando o modelo abaixo (copiar a tabela abaixo para cada reunião) e anexados no apêndice do seu relatório de dissertação.

Data e hora de início/fim da reunião:	19/07/23 11:12 - 11:27
Número da reunião:	7
Meio da reunião:	Online | Pessoalmente | Email
Breve resumo da discussão (200 palavras no máximo): O meu supervisor analisou comigo o relatório intercalar do projeto que apresentei. Deu-me o seu feedback e pediu-me que trabalhasse nas áreas que assinalou para correção.	
Acções acordadas: O meu supervisor pediu-me para redigir o meu questionário e mostrá-lo na nossa próxima reunião.	
Assinatura do estudante: ...Alabi A.O...... Assinatura do supervisor: Rose Fong.....................	

Registo da reunião de supervisão

Nome do aluno: Afeez Olalekan Alabi	Programa: Mestrado em Tecnologia de Cibersegurança com Formação Avançada Prática
Supervisor: Rose Fong	

O número mínimo de contactos formais entre os estudantes e o(s) orientador(es) será normalmente de 6 horas. No entanto, este contacto pode ser mantido em parte por videoconferência ou correio eletrónico, se necessário. As reuniões formais de contacto de supervisão e os seus resultados devem ser registados utilizando o modelo abaixo (copiar a tabela abaixo para cada reunião) e anexados no apêndice do seu relatório de dissertação.

Data e hora de início/fim da reunião:	02/08/23 11:05 - 11:17
Número da reunião:	8
Meio da reunião:	Online | Pessoalmente | Email
Breve resumo da discussão (200 palavras no máximo): Apresentei o meu projeto de questionário. A minha supervisora e eu analisámo-lo em conjunto e ela disse que eu devia reproduzi-lo no formato Microsoft.	
Acções acordadas: O meu supervisor pediu-me para replicar o questionário num formulário Microsoft, enviar-lhe o link e a outros cinco amigos meus. Que eu deveria redigir a lista de hipóteses para o questionário. Que devo descarregar o SPSS e familiarizar-me com a sua utilização.	
Assinatura do estudante:Alabi A.O...Assinatura do supervisorRose Fong.......................	

Registo da reunião de supervisão

Nome do aluno: Afeez Olalekan Alabi	Programa: Mestrado em Tecnologia de Cibersegurança com Formação Avançada Prática
Supervisor: Rose Fong	

O número mínimo de contactos formais entre os estudantes e o(s) orientador(es) será normalmente de 6 horas. No entanto, este contacto pode ser mantido em parte por videoconferência ou correio eletrónico, se necessário. As reuniões formais de contacto de supervisão e os seus resultados devem ser registados utilizando o modelo abaixo (copiar a tabela abaixo para cada reunião) e anexados no apêndice do seu relatório de dissertação.

Data e hora de início/fim de Reunião:	23/08/23 16:30 - 16:45
Número da reunião:	9
Meio da reunião:	Online | Pessoalmente | Email
Breve resumo da discussão (200 palavras no máximo): O meu supervisor e eu analisámos as respostas dos inquiridos no questionário. Enviei-lhe as respostas por correio eletrónico, tanto no formato gráfico como no formato Excel. Desta vez, só foram obtidas 32 respostas e ela pediu-me que esperasse mais uma semana para recolher mais respostas, pelo menos 45, antes de prosseguir com a análise dos dados.	
Acções acordadas: Para obter mais respostas dos inquiridos. Para criar a estrutura que pretendo adotar para a minha redação. Para prosseguir com o capítulo 4, análise de dados, assim que tiver 45 a 50 respostas.	
Assinatura do estudante: ...Alabi A.O......... Assinatura do supervisor:Rose Fong............	

Registo da reunião de supervisão

Nome do aluno: Afeez Olalekan Alabi	Programa: Mestrado em Tecnologia de Cibersegurança com Formação Avançada Prática
Supervisor: Rose Fong	

O número mínimo de contactos formais entre os estudantes e o(s) orientador(es) será normalmente de 6 horas. No entanto, este contacto pode ser mantido em parte por videoconferência ou correio eletrónico, se necessário. As reuniões formais de contacto de supervisão e os seus resultados devem ser registados utilizando o modelo abaixo (copiar a tabela abaixo para cada reunião) e anexados no apêndice do seu relatório de dissertação.

Data e hora de início/fim da reunião:	23/08/23 16:30 - 16:45
Número da reunião:	10
Meio da reunião:	Online | Pessoalmente | Email
Breve resumo da discussão (200 palavras no máximo): A minha supervisora e eu verificámos as respostas dos inquiridos que eu lhe tinha enviado por correio eletrónico. Como as respostas eram 32, ela sugeriu que eu chegasse a 50, enviando novamente o questionário para que fossem recolhidas mais respostas.	
Acções acordadas: Enviar o questionário a mais pessoas, a fim de obter um maior número de inquiridos, pelo menos 50. Prosseguir a análise dos dados logo que os inquiridos cheguem aos 50. Para além disso, gostaria de encontrar um formato que gostaria de adotar para escrever o meu capítulo 4.	
Assinatura do estudante: ...Alabi A.O............ Assinatura do supervisor:Rose Fong............................	

Registo da reunião de supervisão

Nome do aluno: Afeez Olalekan Alabi	Programa: Mestrado em Tecnologia de Cibersegurança com Formação Avançada Prática
Supervisor: Rose Fong	

O número mínimo de contactos formais entre os estudantes e o(s) orientador(es) será normalmente de 6 horas. No entanto, este contacto pode ser mantido em parte por videoconferência ou correio eletrónico, se necessário. As reuniões formais de contacto de supervisão e os seus resultados devem ser registados utilizando o modelo abaixo (copiar a tabela abaixo para cada reunião) e anexados no apêndice do seu relatório de dissertação.

Data e hora de início/fim da reunião:	23/08/23 16:31 - 16:47
Número da reunião:	11
Meio da reunião:	Online | Pessoalmente | Email
Breve resumo da discussão (200 palavras no máximo): O meu supervisor pediu-me que continuasse com a análise dos dados, os principais resultados, as recomendações e a conclusão.	
Acções acordadas: 1. Prosseguir e concluir os capítulos 4, 5 e provavelmente 6.	
Assinatura do aluno: Alabi A.O......Assinatura do supervisor: Rose Fong........................	

APÊNDICE 3: DIAGRAMA DE GANT

Gráfico de Gannt 2023

Tarefa	abril	maio	junho	julho	agosto
Capítulo 1 Finalidade e objectivos da investigação					
Capítulo 2: Escrita De revisão da literatura					
Capítulo 3 Metodologia					
Capítulo4 Dados Análise					
Capítulo 5 Resultados					
Revisão e Edição					
Formatação final					
Apresentação					

Construção do investigador (2023).

APÊNDICE 4: FORMULÁRIO DE ÉTICA

Formulário de aprovação de projectos de estudantes

Assinatura do supervisor	
Formulário de ética preenchido	☐
Preocupações éticas reconhecidas	☐
Instrumento(s) de investigação verificado(s)	☐
Todos os formulários relevantes incluídos (consentimento, etc.)	☐
Não é de alto risco	☐

LD7083/ Projeto de Informática e Tecnologias Digitais: Formulário de aprovação do projeto do aluno

Este documento deve ser utilizado se pretender utilizar uma das aplicações de ética de aprovação a nível de módulo existentes. Por favor, preencha este documento e discuta o seu estudo com o seu supervisor antes de recolher quaisquer dados. Se não preencher este documento e não tiver todos os aspectos assinados e aprovados pelo seu orientador, corre o risco de sofrer uma dedução notável na sua nota e pode incorrer num caso de má conduta académica. Para mais informações, consulte o sítio do módulo Bb. Certifique-se de que o seu projeto cumpre as condições da aplicação de ética existente (disponível no site do Módulo Bb).

Se não for esse o caso, terá de apresentar uma candidatura ética completa.

Nome do aluno:	Afeez Olalekan Alabi
Título do projeto:	NÍVEL DE SENSIBILIZAÇÃO PARA AS VIOLAÇÕES DE SEGURANÇA DOS TRABALHADORES À DISTÂNCIA
Nome do supervisor:	Rose Fong

Pedido ético que está a alterar (caixa de verificação):	Investigação laboratorial de baixo risco Projeto de ciência de dados secundários de baixo risco Médio risco O projeto de ciência de dados secundários do domínio privado requer a adesão Questionário/inquérito Estudo Estudo de entrevista ou outro estudo de usabilidade Estudo

Introdução ao projeto: Tratar como uma introdução ao estudo. Porque é que o estudo proposto é importante? O que é que já foi feito sobre o tema? Como é que o estudo proposto se "encaixa" na literatura atual e o que acrescenta? Qual é o objetivo do estudo proposto? Faça referência a estudos apropriados.

O teletrabalho tornou-se uma parte do "novo normal", uma vez que muitas organizações ainda mantêm o regime de trabalho de alguma forma, após a perturbação causada pela pandemia de Covid-19 (Ahmad, 2020). A conetividade digital proporcionada pela Internet abriu novas oportunidades e fronteiras para as empresas e as indústrias gerirem as perturbações e os ambientes de trabalho não físicos (Syed, 2022). Por outro lado, estão também a surgir novos e mais sofisticados desafios em matéria de cibersegurança. Por conseguinte, há uma necessidade vital de estudar o nível de conhecimento dos trabalhadores remotos sobre o conceito de violações da segurança, bem como as realidades actuais das lacunas existentes na atenuação do risco de violações da segurança entre os trabalhadores remotos (Lallie et al, 2021).

Os resultados deste estudo fornecerão novas perspectivas e uma maior compreensão da relação entre o trabalho remoto e as violações de dados. Existe uma quantidade substancial de literatura que investiga e avalia os factores de risco das violações de segurança nas organizações, com um âmbito de trabalho remoto popularizado em resultado da pandemia de Covid-19. Este estudo também acrescentará à literatura atual uma análise abrangente das práticas existentes que garantem a integridade dos dados, ao mesmo tempo que avalia o nível de conhecimento dos trabalhadores remotos no reconhecimento e na abordagem eficaz de potenciais violações de segurança.

Metodologia: Preencha a tabela abaixo, utilizando as seguintes informações como guia. Escreva isto como um método futuro. Descreva os **participantes** que vai recrutar, quantos vai recrutar e indique se tem algum critério de exclusão adicional. Inclua a **conceção da investigação** (por exemplo, medidas aleatórias/repetidas/quantitativa/qualitativa/estudo de caso, etc.) e os pormenores dos **procedimentos** propostos (ou seja, como vai recolher os dados?). Inclua informações sobre todo o equipamento que tenciona utilizar. Se se tratar de um estudo de baixo risco, descreva como irá extrair os dados e enumere os critérios que irá utilizar para o fazer. Alguém deve ser capaz de ler isto e replicá-lo. Descreva toda a **análise de dados** planeada para os dados quantitativos (por exemplo, testes t, ANOVA, correlação, etc.) e qualitativos (análise de conteúdo, análise temática, etc.). Se estiver a realizar um estudo de baixo risco, explique como tenciona analisar os dados recolhidos. Utilize a literatura para justificar o seu método.

1. Trata-se de um estudo de dados secundários ou de laboratório de baixo risco? Em caso afirmativo, passar às perguntas 6 e 7.	SIM NÃO
2. Quem são os seus participantes e quais são os critérios de inclusão?	Os participantes serão trabalhadores remotos atualmente empregados por organizações em Lagos, Nigéria. Os critérios de inclusão incluirão a posse de mais de 3 anos de experiência de trabalho à distância.
3. Quantos recrutará e de onde?	100 participantes. Estes serão recrutados em linha através da base de dados de empregados das organizações selecionadas.
4. Existem critérios de exclusão (razões pelas quais as pessoas não devem participar)?	Só podem participar no estudo os trabalhadores à distância e as pessoas com experiência de trabalho à distância.
5. Conceção da investigação:	A técnica de amostragem para selecionar os participantes para este estudo será o método de amostragem aleatória simples, que dá aos participantes a mesma oportunidade de fazer parte da dimensão da amostra do estudo (Saunders et al, 2019). Além disso, este estudo adoptará um desenho de investigação descritivo e quantitativo que quantifica eficazmente e descreve as perspetivas dos participantes sobre o objeto do estudo.
6. Procedimentos (descrever o que vai fazer para recolher dados, incluir todo o equipamento/métodos que tenciona utilizar).	Os dados a recolher serão principalmente dados primários. Será elaborado um questionário estruturado para recolher dados dos participantes no estudo. O questionário será concebido de forma a ser exaustivo e a proporcionar escolhas aos inquiridos utilizando o modelo da escala de Likert (Mishra e Alok, 2022). A abordagem quantitativa será utilizada na recolha de dados após o consentimento informado e outros requisitos éticos terem sido cumpridos. foram satisfeitas.

7. Métodos de análise de dados:	Na abordagem de investigação quantitativa, os dados recolhidos são analisados e apresentados quantitativamente utilizando ferramentas e técnicas estatísticas que reflectem e explicam a relação entre as variáveis do estudo (Jameel e Majid, 2020). A estatística descritiva será assim utilizada para analisar os dados do estudo, com o objetivo de estabelecer correlações estatísticas entre as variáveis do estudo, utilizando métodos inferenciais e analíticos (testes t) Os dados recolhidos nas secções do questionário serão analisados quantitativamente através da média, desvios-padrão e frequências. Os resultados dos
	A análise será igualmente apresentada através de gráficos e quadros.
8. Informações adicionais:	Nenhum

Saúde e segurança: As avaliações de risco relevantes são enumeradas no pedido de ética. Se o seu projeto necessitar de avaliações de risco adicionais, terá de apresentar um novo pedido de ética. Identifique os elementos da avaliação de risco listados que são relevantes para o seu estudo e a(s) avaliação(ões) de risco com que está a trabalhar.

Assinale as casas correspondentes*:

☐ HL_RISK_173 Testes num ambiente externo

☐ Entrevista presencial HL_RISK_722

✓ HL_RISK_727 Entrevista de grupo

Áreas de risco potencial Indique de que modo irá eliminar ou, no mínimo, melhorar as seguintes áreas de riscos potenciais ao longo dos processos de conceção da investigação, produção de dados, análise de dados e divulgação		
Área de risco	Questões relacionadas com este risco	Como é que vai mitigar este risco?
Evitar danos para todos envolvido em ou potencialmente afectados por a investigação	Como é que vai garantir que os seus participantes/ inquiridos não chegam a danos (psicológicos; emocionais; física), por exemplo, não os submeter a interrogatório sobre questões sensíveis	O consentimento será solicitado regularmente para garantir que os participantes continuam a sentir-se à vontade para participar no estudo. Além disso, os participantes serão informados do seu direito de se retirarem do estudo

	sem acordo prévio?	em qualquer altura. ponto sem qualquer consequência.
	Como é que vai garantir a sua própria segurança (para além da física) ao realizar o Inquérito?	Assegurarei que o processo de inquérito seja transparente e efectuado de forma ética.
Garantir o anonimato de todos os participantes/respondentes	Como é que vai garantir o anonimato na recolha/geração de dados?	Uma cláusula informando os inquiridos da proteção do seu anonimato e privacidade será fornecida no início do questionário
	Como é que vai garantir o anonimato na comunicação dos dados?	Os nomes e as informações pessoais dos inquiridos serão protegidos ao longo de todo o estudo, incluindo nos dados de comunicação. Se houver necessidade de citar/referenciar algum dos inquiridos, serão utilizados pseudónimos
Obtenção do consentimento informado de todos os participantes / inquiridos	Como garantir o consentimento prévio do inquirido/participante? Deve fornecer uma cópia do(s) formulário(s) de consentimento necessário(s) com este documento	Será preparado um formulário de consentimento pormenorizado para obter o consentimento informado dos inquiridos.
	(Como) poderão os participantes/respondentes retirar os seus dados?	As informações de contacto relevantes do autor e das autoridades competentes serão fornecidas aos participantes para futura correspondência.
Evitar o engano	Como promoverá a exatidão no registo, análise e comunicação dos dados/conclusões?	As cópias originais das respostas dos participantes serão fornecidas juntamente com os resultados do estudo. Além disso, a análise dos dados será cuidadosamente com o software adequado.
Armazenamento e destruição de dados	Como irá transportar e armazenar os seus dados de forma segura (por exemplo, protegidos por palavra-passe; armazenamento na nuvem)	Os dados serão armazenados e acedidos principalmente a partir do armazenamento em nuvem.

	Como e quando é que os dados serão destruídos?	Os dados só serão eliminados através de um apagamento rígido depois de os métodos e resultados do estudo terem sido ratificado.
Conjuntos de dados secundários	O(s) seu(s) conjunto(s) de dados é(são) de um domínio que requer adesão?	Não
	Este conjunto de dados pode ser utilizado para fins educativos ou de investigação académica?	Sim

Assinale esta caixa depois de ter lido e compreendido as informações sobre ética e saúde e segurança.

✓ Confirmo que li a política de saúde e segurança e a política de ética da Universidade. Li e compreendi o requisito para a realização obrigatória de avaliações de risco e que o meu estudo não se desvia dos formulários de ética de aprovação a nível de módulo no Blackboard.

Informações adicionais (acrescentar abaixo, se aplicável)

✓ Formulários de consentimento
✓ Ficha de informação dos participantes
· Formulário de avaliação
· Materiais de recrutamento
· Cartas de autorização
· Instrumentos de recolha de dados

APÊNDICE 5: FICHA DE INFORMAÇÃO DOS PARTICIPANTES

Nome e assinatura do aluno ALABI A.O (ALABI A.O)	Data 05/07/2023
Nome e assinatura do supervisor Rose Fong (Rose Fong)	Data 5 Jul 23

Faculdade de Engenharia e Ambiente

Ficha de informação do participante
Título do estudo: Nível de consciencialização das violações de segurança dos trabalhadores remotos Investigador: Afeez Olalekan Alabi

Está a ser convidado a participar neste estudo de investigação. Antes de decidir, é importante que leia este folheto para compreender por que razão o estudo está a ser realizado e o que envolve.

A leitura deste folheto, o debate com outras pessoas ou as perguntas que possa ter ajudá-lo-ão a decidir se quer ou não participar.
Qual é o objetivo do estudo?

O objetivo deste estudo é identificar e avaliar as principais lacunas que causam e contribuem para as violações de segurança entre os trabalhadores à distância, bem como fornecer recomendações para colmatar as lacunas e atenuar os riscos de violações de segurança.
Porque é que fui convidado a participar?

Foi convidado a participar porque preenche os seguintes critérios:

• É um adulto com mais de 18 anos,
• É um trabalhador remoto atualmente empregado por uma organização reconhecida em Lagos, Nigéria
• Tem mais de 3 anos de experiência como trabalhador à distância

Tenho de participar?

Não tem qualquer obrigação de participar e não sofrerá qualquer perda de benefício ou penalização se optar por não participar.
O que é que eu tenho de fazer?

Ser-lhe-á distribuído um questionário estruturado, solicitando a sua opinião e experiência sobre violações de dados e cibersegurança, no âmbito das suas funções de trabalhador à distância. Este questionário será concebido de forma exaustiva para ser conciso e direto, com um tempo de preenchimento inferior a 10 minutos.

Quais são os critérios de exclusão (ou seja, há alguma razão para não participar)?

Não deve participar neste estudo se:

• Não é um trabalhador à distância
• Não tem experiência de trabalho à distância

Quais são as possíveis desvantagens/riscos de participar?

Uma vez que os questionários serão distribuídos e preenchidos eletronicamente, os participantes poderão ter de interagir durante muito tempo com dispositivos electrónicos/computadores. Este facto pode causar um cansaço visual significativo em algumas pessoas. No entanto, esta investigação foi concebida para minimizar esse risco, tornando o questionário conciso, com perguntas de escolha múltipla, e fácil de navegar.

Quais são os possíveis benefícios da participação?

Os participantes neste estudo terão a oportunidade de interagir com técnicas de investigação contemporâneas num domínio que afecta diretamente as suas actividades profissionais. Além disso, as suas respostas e submissões contribuirão para o crescente corpo de conhecimento sobre a avaliação da consciencialização das violações de dados entre os trabalhadores remotos. A minha participação será mantida confidencial e anónima?

Sim. Ser-lhe-á atribuído um código de participante único que será utilizado para identificar quaisquer dados que forneça. O seu nome e outros dados pessoais não serão associados aos seus dados, por exemplo, quaisquer formulários de consentimento informado assinados serão armazenados separadamente.

Apenas a equipa de investigação terá acesso a qualquer informação identificável; os registos em papel serão guardados num armário de arquivo fechado e a informação eletrónica será guardada na rede segura da Universidade. Esta informação será mantida separada de todos os dados e será tratada de acordo com a Lei de Proteção de Dados
Como é que os meus dados serão armazenados?

Todos os dados serão armazenados na rede OneDrive da Universidade e, se for caso disso, protegidos por uma palavra-passe. Todos os dados em papel recolhidos serão guardados numa pasta segura.

O que acontecerá com os resultados do estudo?

Os resultados serão utilizados para um projeto de pós-graduação que será examinado no âmbito de um mestrado em tecnologia de cibersegurança com prática avançada. Tecnologia de Cibersegurança com Prática Avançada. Ocasionalmente, alguns resultados poderão ser apresentados numa conferência ou publicados numa revista, mas permanecerão sempre anónimos. Todas as informações e dados recolhidos durante esta investigação serão armazenados em conformidade com a Lei de Proteção de Dados e serão destruídos no prazo máximo de 3 anos após a conclusão do estudo. Durante esse período, os dados podem ser utilizados por membros da equipa de investigação, apenas para fins adequados à questão da investigação, mas em nenhum momento serão reveladas as suas informações ou dados pessoais.

Quem está a organizar e a financiar o estudo?

O presente projeto de investigação não recebeu qualquer financiamento.

Quem reviu o estudo?

O estudo e o seu protocolo receberam aprovação ética total do comité de ética do Departamento de Ciências Informáticas e da Informação. Se necessitar de confirmação, contacte o responsável pela ética do departamento utilizando os dados abaixo indicados e indicando o título completo e o investigador principal do estudo:

Nome do responsável pela ética do departamento em causa: Dr. James Nicholson
Departamento: Ciências da Computação e da Informação
Endereço: Ellison B113 Telefone: 0191 227 4959

Correio eletrónico: james.nicholson@northumbria.ac.uk
Como posso retirar-me do projeto?

A investigação em que participa será mais valiosa se poucas pessoas desistirem dela, por isso, fale com os investigadores sobre quaisquer preocupações que possa ter. Durante o próprio estudo, se decidir que não deseja continuar a participar, informe um membro da equipa de investigação o mais rapidamente possível, que facilitará a sua retirada e discutirá consigo a forma como gostaria que os seus dados fossem tratados no futuro. Depois de ter terminado a investigação, pode ainda retirar os seus dados contactando um dos membros da equipa de investigação (os seus dados de contacto são fornecidos na última secção do folheto), dando-lhe o seu número de participante ou, se o tiver perdido, o seu nome. Após esta data, poderá não ser possível retirar os seus dados individuais, uma vez que os resultados poderão já ter sido publicados. Uma vez que todos os dados são anónimos, os seus dados individuais não serão de forma alguma identificáveis.

O que acontece se houver um problema?

Se não estiver satisfeito com alguma coisa durante ou após a sua participação, deve contactar em primeiro lugar o investigador principal. Se considerar que tal não é adequado, deve contactar o responsável pela ética do Departamento de Ciências da Computação e da Informação através dos dados de contacto acima indicados.

Contacto para mais informações:
E-mail do investigador: Afeez.alabi@northumbria.ac.uk E-mail do supervisor:
rose.fong@northumbria.ac.uk

APÊNDICE 6: FORMULÁRIO DE CONSENTIMENTO

Faculdade de Engenharia e Ambiente

FORMULÁRIO DE CONSENTIMENTO INFORMADO Título do Projeto: Nível de consciencialização das violações de segurança para trabalhadores remotos
Investigador principal: Afeez Olalekan Alabi
assinalar ou rubricar, se aplicável
Li atentamente e compreendi a Ficha de Informação do Participante.
Tive a oportunidade de colocar questões e discutir este estudo e recebi respostas satisfatórias. respostas.
Compreendo que sou livre de me retirar do estudo em qualquer altura, sem ter de apresentar um motivo para tal. retirando, e sem prejuízo.
Aceito que a sessão possa ser gravada para facilitar uma análise posterior
Concordo em participar neste estudo

Assinatura do participante... Data (NOME EM LETRAS MAIÚSCULAS)...................................
Assinatura do investigador: Alabi A.O Date..12/07/2023....................... (NOME EM LETRAS MAIÚSCULAS) : AFEEZ OLALEKAN ALABI

I want morebooks!

Buy your books fast and straightforward online - at one of world's fastest growing online book stores! Environmentally sound due to Print-on-Demand technologies.

Buy your books online at
www.morebooks.shop

Compre os seus livros mais rápido e diretamente na internet, em uma das livrarias on-line com o maior crescimento no mundo! Produção que protege o meio ambiente através das tecnologias de impressão sob demanda.

Compre os seus livros on-line em
www.morebooks.shop

info@omniscriptum.com
www.omniscriptum.com

Printed by Books on Demand GmbH, Norderstedt / Germany